职业技术·职业资格培训教材

茶叶审评师

Chaye Shenpingshi

（高级）

编写单位　上海市茶叶学会

主　　编　刘启贵

副 主 编　周星娣

执行主编　陈金芬

编　　者　陈金芬　陈　瑛　汪玲平

主　　审　王　垚

中国劳动社会保障出版社

图书在版编目(CIP)数据

茶叶审评师：高级/刘启贵主编. —北京：中国劳动社会保障出版社，2007
职业技术·职业资格培训教材
ISBN 978-7-5045-6459-7

Ⅰ.茶… Ⅱ.刘… Ⅲ.茶叶-食品检验-职业技能鉴定-教材 Ⅳ.TS272.7

中国版本图书馆 CIP 数据核字(2007)第 123039 号

中国劳动社会保障出版社出版发行
（北京市惠新东街1号 邮政编码：100029）
出版人：张梦欣
*
北京市艺辉印刷有限公司印刷装订 新华书店经销
787毫米×1092毫米 16开本 8.25印张 170千字
2007年8月第1版 2020年9月第10次印刷
定价：16.00元

读者服务部电话：（010）64929211/84209101/64921644
营销中心电话：（010）64962347
出版社网址：http://www.class.com.cn

内 容 简 介

本教材由劳动和社会保障部教材办公室、上海市职业培训指导中心依据上海 1＋X 职业技能鉴定考核细目——茶叶审评师（国家职业资格三级）组织编写。本教材从强化培养操作技能，掌握一门实用技术的角度出发，较好地体现了本职业当前最新的实用知识与操作技术，对于提高从业人员基本素质，掌握高级茶叶审评师的核心知识与技能有直接的帮助和指导作用。

本教材主要内容包括：基本茶类品质与加工工艺的关系、再加工茶品质审评、名优茶品鉴、茶叶理化检测等。为了便于读者掌握本教材的重点内容，教材每单元后附有单元测试题及答案，全书后附有知识考核模拟试卷和技能考核模拟试卷及答案，用于检验和巩固所学知识与技能。

本教材可作为茶叶审评师（国家职业资格三级）职业技能培训与鉴定考核教材，也可供全国中高等职业技术院校相关专业师生，以及本职业从业人员参加岗位培训、就业培训使用。

前　言

职业资格证书制度的推行，对广大劳动者系统地学习相关职业的知识和技能，提高就业能力、工作能力和职业转换能力有着重要的作用和意义，也为企业合理用工以及劳动者自主择业提供了依据。

随着我国科技进步、产业结构调整以及市场经济的不断发展，特别是加入世界贸易组织以后，各种新兴职业不断涌现，传统职业的知识和技术也越来越多地融进当代新知识、新技术、新工艺的内容。为适应新形势的发展，优化劳动力素质，上海市劳动和社会保障局在提升职业标准、完善技能鉴定方面做了积极的探索和尝试，推出了1＋X的鉴定考核细目和题库。1＋X中的1代表国家职业标准和鉴定题库，X是为适应上海市经济发展的需要，对职业标准和题库进行的提升，包括增加了职业标准未覆盖的职业，也包括对传统职业的知识和技能要求的提高。

上海市职业标准的提升和1＋X的鉴定模式，得到了国家劳动和社会保障部领导的肯定。为配合上海市开展的1＋X鉴定考核与培训的需要，劳动和社会保障部教材办公室、上海市职业培训指导中心联合上海市茶叶学会组织有关方面的专家、技术人员共同编写了职业技术·职业资格培训系列教材。

职业技术·职业资格培训教材严格按照1＋X鉴定考核细目进行编写，教材内容充分反映了当前从事职业活动所需要的最新核心知识与技能，较好地体现了科学性、先进性与超前性。聘请编写1＋X鉴定考核细目的专家，以及相关行业的专家参与教材的编审工作，保证了教材与鉴定考核细目和题库的紧密衔接。

职业技术·职业资格培训教材突出了适应职业技能培训的特色，按等级、分模块单元的编写模式，使学员通过学习与培训，不仅能够有助于通过鉴定考核，而且能够有针对性地系统学习，真正掌握本职业的实用技术与操作技能，从而实现我会做什么，而不只是我懂什么。每个模块单元所附单元测试题和答案用于检验学习效果，教材后附本级别的知识考核模拟试卷和技能考核模拟试卷，使受培训者巩固提高所学知识与技能。

本教材结合上海市对职业标准的提升而开发，适用于上海市职业培训和职业资格鉴定考核，同时，也可为全国其他省市开展新职业、新技术职业培训和鉴定考核提供借鉴或参考。

新教材的编写是一项探索性工作，由于时间紧迫，不足之处在所难免，欢迎各使用单位及个人对教材提出宝贵意见和建议，以便教材修订时补充更正。

劳动和社会保障部教材办公室

上海市职业培训指导中心

目　录

1

第 1 单元

基本茶类品质与加工工艺的关系

我国现代生产的茶叶依据鲜叶加工方法和茶多酚氧化程度的不同，基本分为六大类，即绿茶、红茶、青茶、白茶、黄茶和黑茶。六大类茶叶中各自包含着数种至数百种茶叶，其外形和内质都存在差异。

茶叶审评是茶叶学科中一项专业性很强的技术工作。茶叶审评师要通过茶叶审评来鉴定六大类茶叶的外形和内质情况，就必须首先熟悉和了解采用不同加工工艺制成的六大类茶叶在加工过程中各因素的变化对茶叶品质的影响。

学习要点

熟悉

各种加工工艺对茶叶品质的影响

掌握

基本茶类品质与加工工艺变化的关系

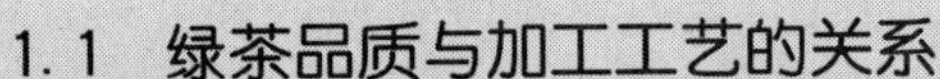

1.1 绿茶品质与加工工艺的关系

绿茶也称不发酵茶，绿茶的外形、汤色、叶底均为绿色，是中国历史上最早出现的茶类。绿茶在审评中评定其品质的优劣时，主要是看鲜叶的质量和其制茶技术的高低。鲜叶的质量是绿茶制造的基础，制茶技术是绿茶品质的关键，而在制造过程中各工艺技术掌握得好坏与品质有直接的关系。绿茶制造工艺分为杀青、揉捻、干燥三道工序。

1.1.1 杀青

杀青是绿茶加工的第一道工序，主要有锅炒杀青和蒸汽杀青。我国绿茶多用锅炒杀青，蒸汽杀青较少。杀青的目的是用高温破坏鲜叶中氧化酶的活性，阻止茶多酚的酶促氧化以及叶子内含物质不必要的变化。杀青能使叶质变软，便于揉捻，促进香气形成。茶叶中氧化酶的活性在70℃以上才被破坏，故能否使叶温迅速达到70℃以上，是杀青技术的关键。锅炒杀青的技术要领是“高温杀青，先高后低；透闷结合，多透少闷；老叶嫩杀，嫩叶老杀”。

所谓“高温杀青，先高后低”中的高温，是要求鲜叶下锅前锅温必须达到220℃以上，一般长炒青的杀青锅温要求达到260～300℃。如果没有足够的温度，就不能破坏酶的活性，容易出现红梗红叶现象，但如果温度过高又会引起焦茶，产生烟焦味。另外，温度过高还会使叶子失水过快，杀青时间过短，进而导致茶叶内含物质含量少、滋味淡的问题。因此，若想杀青过程既能破坏酶的活性，又能促进呈味物质的转化，就必须掌握锅温“先高后低”的原则。

所谓“透闷结合，多透少闷”中的透杀，是为了散失水分，挥发低沸点的青草气，这样可保存较多的叶绿素。闷杀是为了提高叶温，破坏酶的活性，促进各种物质的水解和转化，使叶子能够杀透杀匀。但如果闷杀时间过长，叶绿素就会大量分解，转化也会受到破坏，造成叶色黄熟。另外，闷杀时间过长还会出现水闷气，使茶叶香味淡薄。所以在足以破坏酶活性的基础上，必须掌握“多透少闷”的原则，使杀青达到杀透、杀匀、杀得适度的要求。

所谓“嫩叶老杀，老叶嫩杀”是指由于嫩叶中含水量较多，酶的活性较高，因此，需要较高的温度、较长的杀青时间才能破坏酶的活性，并散发适量的水分；而较老的鲜叶则与此相反，通常老叶含水量较低，酶的活性也较低，因此，杀青温度可以低些，时间也可以短些。但要注意的是若采用蒸汽杀青，嫩叶的杀青时间要短些，老叶则要长一些。

杀青过程是化学变化的过程，从品质上表现为由一种色、香、味转化为另一种色、香、味。这是杀青质量的主要要求，也是杀青程度适当的重要标志。从化学成分上看，杀青后的茶叶主要是氨基酸、可溶性糖和可溶性果胶的含量有所增加，叶绿素减少，各种色素的含量也存在不同程度的变化。例如花黄素自动氧化为橙黄色，花青素受热发生变化失去原来的苦味等。如杀青技术不当，茶叶会呈现青灰色，制成的绿茶，汤色泛青，叶底呈蓝靛色、味苦，胡萝卜素和叶黄素含量也会相应地减少。若杀青适当，胡萝卜素可转化为芳香物质，如紫罗酮素，低沸点的芳香物质也会首先挥发（这部分物质大部分具有青草气）和转化，留下的部分就是绿茶“新茶香”的组成成分。

杀青过程的热化学反应，依其反应的程度不同，会造成茶叶色、香、味品质的不同，叶色由鲜绿转变为暗绿而至淡黄绿，焦黄或枯黄；香气由草青气转化为青花香而至熟香，焦香或水闷气；味道由苦涩转变为青涩而至醇和，焦苦或淡薄。正常的杀青程度应取中间两种，偏前则杀青不足，偏后则杀青过头（或闷黄）。

正常的杀青工艺有以下几点要求：

（1）要制止酶促作用，及时地破坏酶的活性。

（2）要杀透，使内含物转化程度适当。

（3）要杀匀，要求杀青叶水分含量一致，叶质柔软程度和化学变化程度相近。

1.1.2 揉捻

绿茶揉捻是用人力或机械的压力和摩擦力通过揉和捻的方法使茶叶面积缩小，卷成条形，并破坏部分叶组织的作业。

绿茶揉捻通常要求“嫩叶冷揉”“老叶热揉”。加压必须遵循“轻、重、轻”“嫩叶轻压短揉，老叶重压长揉”“解块筛分，分次揉捻”的原则。

较嫩的鲜叶，纤维素含量少，叶质较软，蛋白质、茶多酚、果胶等成分含量较多，揉捻时易于卷曲黏结成条。同时为了避免叶绿素和其他呈香、呈味成分过多的损失，因此，嫩叶一般冷捻。而较老的鲜叶含有较多的淀粉和糖，趁热揉有利于淀粉糊化，便于黏结造型成条。另外，较老的叶子受热后，叶质变软，趁热揉捻易于成形。

绿茶揉捻除了一些高档的名优绿茶采用手揉外，大多是采用机揉。机揉叶量多，揉捻时间长，其散热比手揉慢。机揉的化学变化较手揉多，而茶叶的色、香、味变化也较手揉大，所以在制茶揉捻工艺操作中，绿茶的热揉投叶量不宜太大，否则会影响茶叶的色、香、味。由于绿茶嫩叶比老叶的叶绿素容易破坏，嫩叶热揉其色泽也容易变黄，在审评时容易闻到低闷的气味，所以绿茶揉捻工艺的热揉一般用于老叶。

绿茶的热揉和冷揉应该根据鲜叶的嫩度不同，选择合适的叶温、叶量和揉捻时间，只有这样才能生产出高品质的绿茶。

加压的目的是为了在揉捻中更好地挤出茶汁，使茶叶卷曲成条造型。加压过程必须遵循“轻、重、轻”的原则，不能一压到底或加压过重，否则不仅容易使茶叶形成扁条块和碎片，也易使揉捻叶温过高，造成叶绿素的分解破坏和茶多酚自动氧化的速度过快，对茶叶品质的色、香、味造成影响。

嫩叶的叶细胞容易变形破坏，茶汁易于揉出，纤维素含量少，也易于成条，因此，嫩叶加压可轻些，揉捻时间也可短些；老叶则相反，可适当重揉长揉。这就是“嫩叶轻压短揉，老叶重压长揉”的原因。

“解块分筛，分次揉捻”是指解散揉捻叶的团块，筛分粗细的作业。揉捻叶团块一般经解块分筛机的解块击散后还要在筛网上进行分筛。一般筛条形茶的揉捻叶用3～4孔筛。经解块分筛后较粗大的揉捻叶，依叶的嫩老程度需进行两次或三次揉捻，即为分次揉捻。

绿茶鲜叶由于嫩度不同，其柔软性和黏性也不同，所揉捻成条的松紧度也不一致。如果加工条索紧、黏性大的茶叶，其揉捻的摩擦力和扭力也越大，如果继续加压揉捻，嫩叶的条索就会断碎，这时就要停止揉捻，用解块筛分方法将成条的嫩叶分离出来，将条粗松的老叶进行第二次揉捻，并加大压力，使弹性较大的较老叶子进一步褶皱成条。因此，绿茶加工时应根据老嫩不同叶子，采取不同的加压方法并和解块分筛相结合，只有这样，制成的绿茶才能在审评中展现出优异的外形和内质。

1.1.3 干燥

干燥是绿茶初制的最后一道工序。其目的是促进揉捻叶子水分蒸发，形成茶叶的独特香味，以及固定茶叶的最终外形。炒青绿茶可用炒干或与烘炒相结合的方法。眉茶的干燥要经过二青、三青（初炒）和辉锅过程。珠茶干燥则要经过二青、小锅、对锅和大锅四个工序。现在一般炒茶用炒茶机，烘茶用烘干机，也可用干燥机独自实现上述两个操作。根据干燥方法的不同，绿茶又可分为炒青绿茶、烘青绿茶、蒸青绿茶、晒青绿茶。

1. 炒青绿茶

在干燥工序中使用锅炒或瓶式炒茶机炒干的毛茶，称为炒青绿茶。外形紧直的称为长炒青；圆结的称为圆炒青，也称珠茶；扁平的称为扁炒青，如龙井、旗枪、安徽大方等。

（1）长炒青。长炒青应具有外形紧直，苗锋修长，色泽绿润，汤色、叶底黄绿明亮，香气浓郁，滋味醇厚，芽叶完整的特点。如形态勾曲、断碎、松泡，香味烟焦，汤色、叶底暗褐的制品，均为低次产品。对长炒青的审评，外形上主要看嫩度与条索的紧结程度，香味上则重视浓醇度，不应带烟焦异味。

长炒青经精制后为眉茶。其中以珍眉、贡熙、针眉、秀眉为主。珍眉外形紧结，色泽绿润起霜，汤色黄绿明亮，栗香浓郁，滋味醇厚，叶底黄绿。如外形松泡、灰色，香味不纯、有烟焦的均为低次产品。

（2）圆炒青。圆炒青产于浙江绍兴、嵊州、新昌、上虞等县市，在浙江称平炒青，精制后称珠茶。其品质特点为外形圆结，形似珍珠，色泽深绿油润，汤色黄绿，常有栗香，滋味浓厚，叶底深绿且较壮实等。高品质珠茶应外形圆结油润，手掂重实，香味醇厚，不带烟焦味，叶底嫩度适宜。

圆炒青毛茶分为1～7级，各级茶的嫩度比长炒青稍低。初制用珠茶经炒干机炒制后，外形圆结，比手工制的更紧结。但部分茶香味中有烟焦味，大多是由于杀青温度过高造成的。

圆炒青经精制整形后，按其形态特征可分为珠茶、雨茶、碎茶、秀眉四个花色。

（3）扁炒青。这一类茶大多是手工炒制的扁形茶，如龙井、安徽大方等。外形扁平，色泽嫩绿，嫩香持久，滋味鲜醇，汤色嫩绿明亮，叶底嫩匀。审评中应注重色泽鲜绿程度，形态是否扁平，大小是否一致，外表是否有茸毛等。总之，应特别强调外在形象。

2. 烘青绿茶

在制绿茶的干燥过程中，直接烘干的茶叶称为烘青或烘青毛茶。烘青大多需经精制整形，做成级坯后窨制花茶。如茉莉花茶、珠兰花茶等，都是用烘青毛茶制成级坯茶后窨制而成。审评毛茶时应注重其外形紧直程度与嫩度，应不带烟异气味。审评级坯茶时应注重其嫩度与净度。烘青外形较松，芽叶较完整，香气较清醇，滋味较清爽，汤色较清明，叶底较明绿完整，也较耐泡，可采用“通用型茶叶感官审评方法”审评。

烘青毛茶分 5 级 10 等或分 7 级 14 等，逢双等设标准样。审评时按照实物标准样茶定等级。某一套标准样茶，只适合于某一种烘青茶，例如“浙烘青”样茶只适合做浙江部分地区产的烘青茶级别对照样。

烘青毛茶经精制后称花茶级坯，分 1～6 级和片茶。审评要点：1～2 级坯，细紧有苗锋，不带梗；3～4 级坯尚紧结，稍有茶嫩梗；5～6 级坯，较空松，有茶梗，色泽枯暗。

福建产的级坯，嫩度较好，较紧实；广西产的级坯，外形肥壮，1～2 级茶带白毫，味较浓；浙江产的级坯，条索较细，体型较小。凡生产绿茶的省区，都有烘青，也有级坯茶。

3. 晒青绿茶

制绿茶的干燥工序中，直接由太阳晒干的绿茶称为晒青绿茶。晒青绿茶主产于云南，陕西也有少量生产。晒青茶大多用于制作普洱茶，也是部分紧压茶的原料。晒青茶的主要特点是茶香中含有“日晒味”。这是不同于其他茶类的主要区别，大宗绿茶的炒青、烘青茶如带“日晒味”的即为次产品。晒青茶由于过于粗老，含梗过多而低于标准。特别是未经初制而用修剪枝叶晒干的“大叶青”，品质则更低，所以晒青茶主要作为边销茶的原料，内地市场很少销售。

4. 蒸青绿茶

日本生产、主销蒸青绿茶。近年来我国引进日本的制茶成套设备与制茶方法，也开始大量生产蒸青绿茶，1997 年仅浙江省的产量就有 10 000 t 左右，全销日本。

蒸青绿茶的基本特征是干茶色泽绿，汤色绿，叶底绿，也就是通常所称的“三绿”。正统的蒸青绿茶外形紧直似针，色泽深（茶）绿，汤色青绿，清香中常带有海藻香（似苔菜香），滋味清爽（按中国茶的评语为青涩），叶底青绿。如干茶的色泽、汤色和叶底为黄绿色，带栗香，味浓厚，则属于次品，是不符合蒸青绿茶要求的。

判断蒸青绿茶的品质，应按日本市场对绿茶的品质要求与爱好进行，而不能将中国的眉茶审评方法用于蒸青绿茶审评。

蒸青绿茶分高档、中档和低档，共计 9 级。各级茶的嫩度相当于我国各级炒青绿茶水平。

绿茶干燥的工艺技术要注意温度、叶量和翻动三点。干燥温度的高低与制茶品质有直接关系，由于茶叶的导热性差、传热慢，如温度过高，会使茶叶外层先干，形成“硬壳”，影响叶子内部水分持续向外扩散蒸发，最终导致香味劣变，叶色干枯；但如果温度过低，水分蒸发就慢，茶叶的香味就会淡、不爽快。

叶量与干燥时的摊叶厚度有关。叶量多，相应的叶温就高，水分蒸发的也就越慢，水分的蒸发快慢与叶量的多少成负相关。因此，叶量的多少主要根据制茶技术对叶温和水分蒸发的速度要求来确定。

为了使叶子受热均匀和干度均匀，干燥过程必须适当翻动。叶子的形状最终变成什么样子，决定于翻动技术的方向和力的大小，所以翻动技术与茶叶的外形有很大的关系，审评中观察到的茶叶外形是否符合要求，与茶叶在加工中翻动工艺是否适当有密切的关系。

绿茶干燥的第一阶段是蒸发水分的阶段；第二阶段由于此时叶子可塑性较好，所以是做形的最好阶段；第三阶段是形成茶叶香味品质的主要阶段，在这个阶段茶叶吸附性能在不断增强，周围空间中如有香气物质，就会被吸附，同样，如有烟气等不良气味也会被吸附，因此，干燥过程中必须操作得当，才会生产出高品质的茶叶。

1.2 红茶品质与加工工艺的关系

我国红茶包括工夫红茶、红碎茶和小种红茶。其制作工艺包括萎凋、揉捻、发酵、干燥四个工序，其中小种红茶还有过红锅（杀青）工序。各种红茶的特征都是红汤红叶，其色香味的形成过程都是一样的化学变化过程，只是在变化的条件、程度上存在差异。

1.2.1 红茶的加工工艺

1. 萎凋

萎凋是能使鲜叶散失部分水分，使叶质变软，同时又能使鲜叶发生一系列物理化学变化的工序，它有利于后序的揉捻或揉切。萎凋方法很多，有自然萎凋、室内自然萎凋、日光萎凋、加温萎凋、通风萎凋、机械萎凋等。

萎凋的程度因制造的茶类或花色品种不同而异。如工夫红茶通常是重萎凋，萎凋叶的含水量一般降为58%～62%，如果萎凋程度过轻，不仅失水过少，叶质柔软程度不够，有碍于揉捻成条，而且物质的化学转化也会不充分，氨基酸和糖的形成量不足，使滋味生青欠鲜醇，香气不高，同时，物质的水解也不充分，水浸出物含量少，使茶成品滋味淡薄，所以工夫红茶制造中切忌轻萎凋。而红碎茶以适度轻萎凋为宜，通常萎凋叶的含水量掌握在64%～68%，因为红碎茶品质要求是“浓、强、鲜”，适度轻萎凋可以避免茶多酚过多地损失，同时可以增强发酵时多酚氧化酶的活性，有利于茶黄素的形成和积累，有利于各种生化反应的进行。

萎凋的物理变化是指由于鲜叶水分的减少而导致的叶质变软，叶面积缩小。叶子越嫩，叶面积缩小比例越大。

萎凋的化学变化大多数是在酶的催化作用下进行的，水分是化学反应的溶剂，也是酶化学反应的必需条件，前阶段失水能促进自体分解，使干物质大量消耗，后阶段迅速失水，反而抑制了自体分解。所以在萎凋过程中要采取合理的工艺措施，控制温度、湿度、风量和摊叶厚度等因素，调节物理变化，并有效地掌握化学变化的进程，使干物质消耗减少，可溶性物质相对增多，才能提高红茶的品质。

2. 揉捻

红茶揉捻是将萎凋叶在一定的压力下进行旋转运动，使茶叶细胞组织破损，溢出茶汁，紧卷条索的过程。揉捻是提高工夫红茶品质的一道重要工序。

红茶揉捻的目的有以下几点：

（1）破坏叶细胞组织，将茶汁揉出，以便于茶多酚在酶的作用下进行氧化作用。

（2）使溢出的茶汁粘于茶条表面，增进茶叶的色香味浓度。

（3）可将芽叶卷紧成条，使茶叶外形美观。

红茶揉捻方法一般视萎凋叶的老嫩而异，一般来说嫩叶揉时宜短，加压宜轻，老叶揉时宜长，加压宜重；轻萎叶要适当轻压，重萎叶要适当重压；气温高时，揉时宜短，气温低时，揉时宜长。加压应掌握“轻、重、轻”的原则。

红茶揉捻既是茶叶内质形成的基础，也是塑造外形的关键工序，因此，掌握好红茶的揉捻工艺，对提高红茶的品质有很重要的作用。

3. 发酵

发酵是将揉捻叶放于特定的发酵盘中，使茶坯中的化学成分在有氧的情况下继续氧化变色的过程，也是形成红茶红叶红汤特征的过程。

发酵的目的在于使芽叶中的多酚类物质，在酶的作用下产生氧化聚合作用，使绿色茶坯变成红色，形成红茶的色香味品质。发酵时茶多酚氧化形成的茶黄素、茶红素能使红茶具有醇甜滋味和红亮的汤色。

发酵温度一般由低到高，然后再降低，当叶温开始平稳下降时，叶色会由绿变成黄绿，待叶色变为黄红色，即为发酵适度的色泽标志。从香味来鉴别，发酵适度时茶叶应具有果香，青草味消失，如带有馊酸味则表示发酵已经过度。

掌握好红茶的发酵工艺是形成高品质红茶的关键。

4. 干燥

红茶干燥是将发酵好的茶坯，通过高温烘焙，迅速蒸发水分达到保质干度的过程。干燥的目的有以下几点：

（1）通过高温迅速地钝化各种酶的活性，停止发酵。

（2）蒸发茶叶水分，缩小体积，固定外形。

（3）散发大部分低沸点、有青草气味的芳香物质，激化并保留高沸点的芳香物质，使红茶获得特有的甜香。

红茶干燥时使用热空气作为介质，根据热交换原理加热茶坯，带走水汽，使茶坯紧缩干燥。掌握红茶干燥的工艺要求是审评和鉴定红茶质量的重要条件。

1.2.2 各类红茶品质情况

1. 工夫红茶

具有代表性的工夫红茶是“祁红工夫”和“滇红工夫”。

（1）祁红工夫。祁红工夫的品质特点为外形细紧，苗锋良好，色泽乌黑油润，汤色红亮，香气浓郁带糖香，滋味醇和回甘，叶底红匀细软。审评“祁红”毛茶和精茶，应在对照各级标准样的基础上，重点抓住嫩度与条索的紧实程度。身骨空松轻飘，色泽枯灰，汤色浅薄（红），香气粗糙，滋味薄涩，叶底青暗是低次产品的特征。不同季节所产的祁红工夫品质也有不同，春茶嫩度好，色泽乌润，香味柔和，品质较好；夏秋茶汤色、叶底较为红亮，但香味的鲜醇度不如春茶，总的品质比春茶差。

祁红工夫分为1～7级。在初制中萎凋和揉捻较重，各级成茶外形都较紧结，其中1～3级茶苗锋较好；4～5级也较紧实；6～7级茶较短秃。各级茶的嫩度与紧结程度都好于同级烘青级坯茶。祁红工夫是我国小叶种工夫红茶中最好的产品。

（2）滇红工夫。滇红工夫产于云南。其品质特点为色泽棕褐，外形肥壮显露金毫，汤色红亮，香气浓郁，滋味浓醇回甘，叶底肥软，红匀明亮。滇红工夫茶多酚含量高，茶味浓而耐泡，经3次冲泡还有茶味。对毛茶和精茶的审评以标准样为基础，嫩度是重点，是滇红工夫内在品质的客观标准。其精茶在嫩度达标的基础上，净度也很重要，一、二级茶显露芽锋，不应含有茶梗与朴片。

2. 小种红茶

小种红茶有正山小种和外山小种之分。正山小种又称桐木关小种、星村小种；外山小种别名人工小种、烟小种。小种红茶是指红茶初制过程中，在干燥阶段边熏烟边烘干制得的红茶。小种红茶的初制工艺流程为萎凋、揉捻、解块、发酵、过红锅、熏焙、复火。小种红茶生产于福建武夷山市和邵武、政和、建阳、光泽等县，江西的广信、铅山也有少量生产。也有用低档工夫红茶经熏烟而成的，但品质较次。正山小种外形粗壮紧直，身骨重实，无毫茶，色泽褐红，汤色尚红，具有松烟香，有似桂圆香，滋味甘甜厚实，叶底暗红。正山小种之“正山”表明是真正的高山地区所产之意。

毛茶经筛分提纯后，正茶分1～4级，副茶分片茶、末茶。商品茶要求有浓烈的松烟香，因此，精茶出售前必须再次熏烟，其方法是：在每100 kg正茶中加清水8 kg，使茶叶吸湿回潮，放在烘笼中熏烟，烘床里放置木炭，再插入含松油的树根或松柴片暗火闷熏；也可用纯松油按万分之一的用油量，熏2 h，使油被茶叶吸收，这样茶叶会有更加明显的桂圆香。小种红茶的年产量在1 000 t左右，出口和内销均有。

小种红茶，外形较松，色泽黑而枯，汤色红褐，具有松枝燃烧不完善的烟熏气，滋味醇厚，带桂圆香味。审评中重点抓住松烟香的纯正浓郁程度，带柴烟气味的为劣质产品。

3. 红碎茶

国际红茶市场主要销售的是红碎茶。红碎茶在国外称“black tea”，我国在20世纪70年代称“分级红茶”，随后改称“红碎茶”，也称“切细红茶”。目前所产的红碎茶分为“CTC”茶和传统茶。肯尼亚所生产的茶叶几乎全部是“CTC”茶，印度也有60%左右的茶叶是“CTC”茶。世界红茶总产量的45%属“CTC”茶，55%为传统红茶。目前，我国生产的“CTC”茶仅占国内红碎茶总量的2%左右，只有云南和海南有部分茶厂生产，其他红茶的产区，大多生产传统茶。

（1）传统红碎茶。传统红碎茶在揉切工序中以转子机切碎为主，其特点是成茶色泽较油润，外形颗粒较紧结，香味也较醇厚。但由于揉切时间长，茶多酚氧化过度，所以有香味钝熟的缺点。

根据传统红碎茶的外形，可简单地命名其花色名称，详情见表1—1。

表1—1　传统红碎茶花色分类表

茶叶形态	国内称法	英文简称（国外）
较完整的毫尖茶	叶茶一号	FOP
较完整的嫩茎茶	叶茶二号	OP
细小重实含毫尖的碎茶	碎茶一号	FBOP
颗粒较细的碎茶	碎茶二号	BOP1
颗粒稍大的碎茶	碎茶三号	BOP2
颗粒较大的碎茶	碎茶四号	BOP3
质地较轻的细碎茶	碎茶五号	BOPF
较粗硬的梗朴	碎茶六号	BP
质地较轻的茶片	片茶	F
细碎呈沙粒状的碎茶	末茶	D

（2）"CTC"红碎茶。"CTC"红碎茶是指揉切工序采用CTC切茶机切碎制成的红碎茶。"CTC"即为切、撕、拉（crushing tearing curling）的缩写。嫩度良好的"CTC"茶，外形颗粒圆结，即使是末茶也呈沙粒状，色泽棕红（褐），汤色红亮，香气新鲜高锐，滋味浓爽，叶底红亮。

审评"CTC"茶应注重外形光洁，色泽油润，香味浓鲜等特点，切忌颗粒上带筋皮毛，色枯，香味显粗青。用粗老鲜叶制作的"CTC"茶，色泽枯棕，显筋皮毛，香味粗青或粗涩。

（3）红碎茶加奶审评方法。红碎茶审评时可在茶汤中加入牛奶评定品质。操作方法与常规评茶方法相同，只是将茶汤倒入审评碗内，再加入一汤匙牛奶（约20 mL）。品质好的红碎茶汤色常为粉红色，滋味浓强，在奶味中仍显示茶味，但发酵重或存放时间长的茶叶，鲜爽度下降，色泽呈土黄色。中小叶红碎茶春茶中茶多酚含量较低，茶汤中加入牛奶后，茶多酚被牛奶中的蛋白质结合，茶味显得更淡，汤色呈姜黄或乳白。

夏秋季制的轻发酵红碎茶，汤色大多有粉红色的特点。因此，可归纳为汤色由粉红→土黄→黄褐→姜黄→乳白，红碎茶的品质由好到差，滋味浓强度由强到弱。掌握了这个规律，就比较容易判断红碎茶的品质水平了。

（4）国外红碎茶。印度、斯里兰卡、肯尼亚是世界主要的红碎茶生产国。印度年生产红碎茶近90万t，其中约18万t出口，其余均为内销。该国所产的红碎茶，60%～70%是"CTC"茶，30%～40%是传统茶。茶的总体品质良好，香气新鲜高锐，滋味浓强，其中阿萨姆、大吉岭产的品质更好，南印度产的品质稍差。

斯里兰卡年生产红碎茶近30万t，其中29万t供出口，是世界红碎茶出口大国。该国所产的红碎茶，90%左右是传统茶。茶的总体品质良好，其中高地茶香味更好，具有玫

瑰香，中地茶和低地茶品质稍差。

肯尼亚年产红碎茶近 30 万 t，其中约 28 万 t 供出口。肯尼亚生产的红碎茶几乎都是“CTC”茶，总体品质优良，大多具有良好的颗粒状，质地重实、光洁，汤色红亮活泼，香气高锐，滋味浓爽，富有收敛性，叶底红艳明亮。

我国也少数进口红碎茶，对它进行审评时应注意是当年新茶，还是隔年陈茶。如属新茶应有明亮的汤色，新鲜的香味；若是汤色深暗，香味浓而钝的，甚至带脂质氧化气味，往往是陈茶或受潮茶。国外红碎茶的外形规格没有我国红碎茶分得细致，常有碎茶、片茶分档不清的情况，特别是斯里兰卡的传统茶。

利用国外红碎茶的滋味浓度与我国红碎茶具有的香气，将两者做适当拼配，是调剂品质的一种方法。

我国对红碎茶的总体品质要求是叶、碎、片、末茶分清，注重滋味浓度与鲜爽度。各花色品质正常，无劣变，无异味，不含非茶夹杂物。水分含量≤6%，灰分 6.5%，叶、碎、片茶中的 40 孔茶≤2%，末茶中的 80 孔茶≤1%。红碎茶的卫生标准按 GB 2762—2005《食品中污染物限量》和 GB 2763—2005《食品中农药最大残留限量》中有关茶叶的规定执行。

1.3 青茶品质与加工工艺的关系

青茶在商业领域内习惯称为乌龙茶。青茶品种多，品质差异大，各有其色、香、味、形的特点。但从审评角度看，青茶品质质量较好的应具有下列特点：外形紧结重实，色泽墨绿油润，汤色橙黄明亮，香气清香高长，类似于水蜜桃香，滋味清爽细腻，叶底肥软，色泽黄亮，稍透红色斑点，叶缘红明。反之，外形松泡，叶质轻而色泽暗枯，汤色显红，香气呈足火或老火，滋味浓中粗，叶底暗褐粗硬，是青茶品质中下的特征。青茶审评中香气和滋味是重点。

青茶大多以茶树品种命名，如铁观音、乌龙、毛蟹、本山、黄金桂、肉桂、佛手、凤凰单枞等。

1.3.1 青茶的加工工艺

青茶所具有的独特的品质特征是由于它别具一格的制造工艺所形成的。青茶的制造过程与红茶、绿茶不同，其工艺较复杂。它吸取了红茶发酵和绿茶不发酵的制造原理，制造过程中既不完全破坏叶子组织，但又较轻地摩擦叶缘组织，要求细胞内含物不完全变化，但又有一部分发生氧化。如此复杂的工艺过程，引发出独特的色、香、味。青茶的制造工艺概括起来为萎凋→做青→揉捻→烘焙和干燥。现分述如下：

1. 萎凋

萎凋是青茶制造的第一工序，通过萎凋散发鲜叶中的部分水分，提高叶韧性，以便于后道摇青工序的进行，同时使鲜叶发生一系列的化学变化，使酶的活性加强，散发部分青草气，有利于成茶香气的透露。

青茶的萎凋有别于红茶，青茶的萎凋和发酵工序不分开，两者相互配合进行，通过水分的变化，控制叶片内含物质的转化以达到适宜的发酵程度。青茶萎凋的常用方法有以下几种：

（1）凉青。将鲜叶铺开摊放在筛笋上，静置凉青架酌情翻动几次，使萎凋均匀。

（2）晒青。晒青是利用光能使鲜叶适度失水，对形成青茶香气和去除青草气味有良好作用。

（3）加温萎凋，俗称“烘青”。用鼓风机向萎凋槽内送入热风，或是在烘青房内上层铺设有孔竹席，用摊叶和控温的办法进行。

（4）人控条件萎凋。

以上 4 种萎凋方法在掌握好萎凋技术的前提下均能很好地发挥萎凋的作用。

2. 做青

（1）摇青。青茶摇青是做青的关键，其操作最为复杂，即将凉青后的鲜叶置于摇青机中，待第一次摇青后，将鲜叶摊放于凉青架凉青，静置一定时间后再进行第二次摇青，如此反复摇 4～5 次不等。

摇青是鲜叶在摇动中，通过叶片互相碰撞、擦伤叶缘细胞，从而促进酶促氧化。在经过数次摇青后，鲜叶会发生一系列的变化，叶缘细胞遭到破坏，叶片呈现红边，叶片中央部分叶色褪淡变为黄绿，即达到“绿叶红镶边”的效果，随着水分的蒸发，水溶性物质会在叶片内积累，如此有利于香味的形成。

摇青要掌握“循序渐进”的原则，还要看产地和品质要求，看茶树品种等具体情况进行摇青。

摇青过程中鲜叶的含水量会减少，细胞破损率增加，茶多酚、儿茶素、叶绿素的含量下降，茶黄素、茶红素、茶褐素、糖类的含量上升，以上均为形成青茶优良品质的有利变化。掌握摇青的工艺要求，了解其化学变化过程，是鉴定青茶品质的基础。

（2）炒青。青茶的炒青是承上启下的转折工序，主要是抑制鲜叶中酶的活性，控制多酚类氧化进程，防止叶子继续红变，固定做青形成的品质，并使低沸点的青叶醇物质挥发和转化，形成馥郁的茶香，同时通过湿热作用，破坏部分叶绿素，使叶片黄绿而亮，挥发部分水分，便于揉捻。

青茶炒青前期温度要高，先闷炒迅速提高叶温，控制酶的活性，蒸发水分，然后再扬炒，因为若后期温度太高，容易使叶片炒焦。而老叶含水量少，可多闷少扬。

炒青适度则叶面略皱并失去光泽，叶缘卷曲，叶梗柔软，同时青草气消失，有清香气发出，叶色转黄绿。

青茶审评中如发现叶片炒焦或有青草气，则可能是由于青茶在炒青过程中后期温度太高，蒸发水分不透造成的。

3. 揉捻

将炒青后的杀青叶，反复搓揉，使叶片由片状卷成条索，形成青茶所需要的外形过程

即为揉捻。通过揉捻可以破碎叶细胞，挤出茶汁，并使茶汁黏附于叶表面，从而增强茶汤的浓度。

青茶揉捻一般用机揉，时间约 8 min，揉捻过程中，加压要遵循“轻、重、轻”的原则，揉好的叶子要及时烘焙，如果不能烘焙，也应及时摊凉，不可以积堆，以避免茶叶闷黄。

掌握揉捻的操作工艺，了解青茶闷黄的原因，对审评青茶会有很大的帮助。

4. 烘焙和干燥

烘焙属于青茶的干燥作业，分为初焙和复焙两步，烘焙能抑制酶的氧化活性，促进水分的蒸发，软化叶子，同时还能起到热化作用，消除青茶的苦涩味。

干燥是足火，采取“低温慢烤”分两道进行，焙至茶梗手折断脆，气味清纯，即可起焙。

青茶的烘焙、干燥工艺有使青茶进一步固形和气味清纯的作用，了解该工艺的操作对提高青茶的审评水平有积极作用。

1.3.2 各类青茶的品质情况

青茶主产于福建、广东、台湾三省，其他省份也有少量生产，但以福建产青茶的品质最好。现分述如下：

1. 福建青茶

（1）闽南产区。主要集中在安溪、永春等县，年产青茶 2.5 万 t 以上，是福建省青茶的主产区。安溪县被农业部命名为“中国乌龙茶之乡”。初制中大多采用包揉，毛茶外形紧结卷曲，呈青蒂绿腹蜻蜓头状，其中以安溪产的铁观音最好，其外形圆结匀净，呈螺旋形，身骨重实，色泽砂绿，汤色橙黄，具有蜜桃香，滋味醇爽可口，较耐冲泡，叶底肥厚，绿中透红点。

（2）闽北产区。主要集中在武夷山市、建瓯、建阳等县，年产青茶 1.5 万 t 以上。其特点是初制过程大多不经包揉，毛茶外形较紧直，色泽深绿带褐，香味较清香，叶底呈绿叶红边。其中以武夷岩茶品质最好。

福建青茶根据不同茶树品种（如铁观音、色种），按外形嫩度分级，其特征见表 1—2 和表 1—3。

表 1—2　　铁观音品质要求

级别	干评	湿评
特级	紧结重实，色深绿，有光泽	蜜桃香，味细腻，汤色黄亮，叶底肥软
一级	紧结尚重实，色黄绿	清香，味爽，汤色黄亮，叶底尚软
二级	尚紧实，色黄褐	清香透粗，味醇厚，汤色黄深，叶底较硬
三级	欠重实，色褐枯	平和带粗或老火带粗，汤色棕黄，叶底硬
四级	枯松，多见梗杂	粗青带老气味，汤色棕褐，叶质硬、多梗朴

表 1—3　　色种品质要求

级别	干评	湿评
特级	翠绿光润，紧结重实	花果香味，质地较细腻
一级	尚绿润，壮实	有花果香味
二级	尚结实，色暗绿	清香带粗味
三级	欠重实，暗绿较枯	有粗老气味或老火味
四级	空松，色枯绿，带梗朴	香味粗或老火粗带粗味

其他如闽南乌龙分一级、二级、三级；佛手分特级、一级、二级；闽北水仙分特级、一级、二级、三级；武夷水仙分特级、一级、二级、三级、四级；闽北乌龙分特级、一级、二级、三级。

2. 广东青茶

广东青茶制茶方法与闽北类同，不经包揉。主要有凤凰单枞、水仙以及乌龙等品种。其中品质最好的是凤凰单枞，其外形紧结肥壮，色泽青褐，汤色黄绿，花果香浓郁，滋味浓爽，叶底绿叶红镶边，较耐泡。

3. 台湾青茶

台湾青茶主要分为乌龙和包种两种，其中以冻顶乌龙品质最好。台湾青茶初制过程都经过包揉，但包揉程度轻重各异。在初制中发酵类型可分为轻、中、重三种档次。称乌龙茶的大多属重发酵，冻顶茶属中发酵茶，包种一类茶为轻发酵茶。总的来说，台湾青茶属于轻发酵的多。

目前青茶审评的方法有传统法和通用法两种。在福建多采用传统法，而台湾、广东和其他地区几乎都使用通用法。

传统法是使用 110 mL 钟形杯和审评碗，冲泡用茶量为 5 g，茶与水的比例为 1∶22。审评顺序为：外形→香气→汤色→滋味→叶底。先将审评杯碗用沸水烫热，再将称取的 5 g 茶叶投入钟形杯内，以沸水冲泡。一般要冲泡三次，其中头泡 2 min，第二泡 3 min，第三泡 5 min。每次都在未沥出茶汤时，手持审评杯盖，闻其香气。在同一香味类型中，以第 3 次冲泡中香气高、滋味浓的为好。

通用法是使用 150 mL 的审评杯和容量略大于杯的审评碗，冲泡用茶量为 3 g，茶与水的比为 1∶50。将称取的 3 g 茶叶倒入审评杯内，再冲入沸水至杯满（接近 150 mL），浸泡 5 min 后，沥出茶汤，先评汤色，继之闻香气，尝滋味，最后看叶底。

这两种审评方法，只要技术熟练，了解青茶品质特点，都能正确评出茶叶品质的优劣，其中通用法操作方便，审评条件一致，比较有利于正确快速地得出审评结果。

1.4　白茶品质与加工工艺的关系

白茶因成茶外表满披银白色的茸毫而得名。初制不炒揉，只经萎凋和干燥两道工序。

白茶的品质特点是：外形松展自然，枝叶和芽上带白色茸毫，色泽嫩绿或黄绿，汤色清澈淡黄，带毫香，滋味和淡，很耐冲泡，叶底完整，色泽淡黄。白茶主产于福建，台湾也有生产。其花色和品质按采摘嫩度和茶树品种不同可划分为用大白茶或水仙种芽梢制作的“白毫银针”，以及由大白茶、水仙品种和菜茶群体的一芽二、三叶制成的白牡丹、贡眉、寿眉。白茶主销港、澳地区以及新加坡、马来西亚、德国、荷兰、法国、瑞士等国家。

目前白茶的种类不多，主要有芽茶（如白毫银针）和叶茶（如贡眉），现分别介绍如下：

1.4.1 白毫银针的品质与加工工艺的关系

白毫银针的制造工序为：采摘→萎凋→烘焙→筛拣→复火→装桶。

选择春季第一轮新梢萌发第一片真叶且刚出芽体尚未开展时，将茶芽连叶采下（也有从新梢上只采下茶芽的），然后再行“抽针”，即将芽、叶分开，茶芽供制银针，叶片并入白牡丹原料或供制红、绿茶，如果迟至一、二叶已开展时再采，则芽瘦梗长，茸毛稀，芽面露出，色泽泛绿，质量欠佳。夏秋茶芽小，欠壮，所以不适宜采制白茶。

白毫银针初制工艺因产地不同，略有区别。

1. 福鼎制法

将茶芽均匀薄摊在水筛上（一种具有大孔眼的大竹筛，径约 100 cm，每孔约为 1.4 cm^2 见方，篾条宽 1 cm 左右），勿使茶芽重叠。每筛摊叶约 0.25 kg，摊后即置架上日晒，勿加翻动，以免茶芽受机械损伤变红。晴爽天气，晒一天达八九成干度后，再用焙笼烘焙，焙心上垫一层白纸，每笼放茶芽 0.125 kg，火温掌握在 30～40℃。如火温太高，摊芽厚，则会出则芽色焦红，香气不纯的情况。如火力不足，则芽色容易变黑，火候太过芽色又会变黄以至欠白。如遇天气潮湿，日晒一天只能达到六七成干时，第二天应继续晒至八九成干后焙干。如遇雨天，当天晒不到六七成干，或当天只晒到六七成干而第二天遇到雨天时，则当晚或第二天应用 40～50℃文火焙干。风大而且天气干燥时，可于室内萎凋至减重 30%左右，再用文火慢焙至干。

2. 政和制法

将茶芽摊在通风阴凉处或微弱日光下萎凋至七八成干，再放在烈日下晒至全干，整个过程大约需 2～3 天，中途遇雨则须烘焙。也有采取先晒后风干的，一般多于午前日光不强时晒 2～3 h，再移至阴凉处风干。

白毫银针在北风晴天（空气相对湿度低）时采制的芽白梗绿，品质好；而在南风空气湿度大和雨天采制的白毫银针则色暗梗黑，品质低。

白毫银针精制工艺简单，一般用六号或七号筛分筛，筛面上的为正品，筛下的为次品。筛后拣去叶片和杂质，并将茶梗（俗称“银针脚”）摘掉。再用文火焙 10 min 左右，焙至含水量 3%左右，趁热装箱。一般每 1 kg 芽叶（一芽一叶）可“抽针”（即茶芽）0.6 kg，单叶约 0.4 kg。每 7～8 kg 芽叶可制成银针成品 1 kg。

1.4.2 白牡丹、贡眉的品质与加工工艺的关系

白牡丹与贡眉的区别在于其原料采自不同的茶树品种，但两者的采制工艺基本相同，其制造工序为：采摘→萎凋→烘焙（或晾干）→拣剔（或筛拣）→复火→装箱。现将制造方法分述如下：

1. 鲜叶标准

白牡丹的鲜叶原料为大白茶品种茶树的一芽二叶嫩梢，要求“三白”，即芽白和第一、二叶叶背具有浓密的白色茸毛。芽与叶的长度要求基本相等，芽的长度不应短于叶的长度，以采自春茶第一轮嫩梢者品质为佳。贡眉采自菜茶有性群体，鲜叶要求与上述相似。

2. 初制工艺

白牡丹、贡眉初制工艺有下列几种：

（1）自然萎凋制法（以贡眉为例）。鲜叶采回后，置于水筛上，每筛放鲜叶 0.3 kg 左右，两手持筛加以转动，使芽叶均匀薄摊于筛上，以不重叠为度，这个过程俗称“开青”或“开筛”。摊好后置于通风良好的萎凋室内的凉青架上，勿加翻动，萎凋 35～45 h，直至芽叶毫色发白，叶色由浅转深，部分叶贴在筛上。当叶缘略显垂卷，叶面出现波纹，青气消失时，即可两筛并为一筛，继续萎凋至含水量为 22%，然后再将两筛并为一筛，继续萎凋 10 h 左右，直至含水量为 13%左右，即成萎。

经过上述全萎凋的毛茶其品质最好。萎凋时因为气温及相对湿度不同，所以萎凋叶的变化情况也可能不同，因此，萎凋时间要灵活掌握。据实践经验，室内萎凋总历时宜在 48～72 h。如中途气候发生变化（变为阴而寒冷），萎凋程度到八成干时即可下筛摊堆。萎凋程度轻的可堆厚些，萎凋程度重的可摊薄些。如只萎凋到六七成干，应分两次焙干，初焙焙笼温度要高（100℃），焙至八九成干后进行摊凉，复焙用低温（80℃）焙干。如果萎凋历时过短（24 h 以内），萎凋程度过轻，萎凋叶失重在 40%以下即进行焙制的，成品色泽会由燥绿转黄绿，且香味青涩，不符合白茶的品质要求。如萎凋程度未到而过分延长萎凋时间达 72 h 以上，则审评时会发现成茶色泽暗黑、香味低次甚至有霉味。

（2）加温萎凋（以白牡丹为例）。初制厂常采用向萎凋室吹送热风的方法进行鲜叶萎凋，室温应掌握在 22～27℃，相对湿度掌握在 60%～75%，历时 25～30 h，直至鲜叶含水量减到 25%左右。这时叶色碧绿，叶尖翘起，叶缘垂卷，握叶有刺手感，此时应及时下筛，堆积 3～4 h，直到叶片主脉变成红棕色，叶色转为暗绿，青气味消失，发出鲜爽的甜香，再用干燥机低温（80℃左右）焙干，历时约 25 min。若用高温会使白茸毛的色泽变黄。这种向室内吹热风萎凋的方法制出的白牡丹成品，能保持传统风格，且品质不亚于自然萎凋的成品，萎凋时间又可大大缩短，并且不受气候影响。

1.4.3 寿眉品质与加工工艺的关系

寿眉是白茶的一种，用大白茶的嫩叶或一般芽叶制成。成茶色泽灰绿显浅黄，汤色清

明杏黄，香气纯正欠高郁，滋味和淡，叶底黄绿见粗，品质一般。

初制采用全萎凋方法。鲜叶采回后，即摊放在水筛上，每筛摊叶约 300 g，经 30～40 h 萎凋，减重 70％左右时，开始拼筛，约 4 筛拼一筛，再经 10 h 凉青减重 72％～73％时即为干燥适度的白毛茶。

白茶产区在春季遇到阴雨寒冷天气时，可以利用地下装设的管道，烧柴使地面发热，将室内温度提高到 28～30℃（勿超过 32℃），相对湿度达到 65％～70％（不可过高，也不要低于 50％），萎凋 34～38 h，至含水量为 14％～16％时，下筛初焙，经摊凉筛拣后，再用低温复焙至干。

白茶精制主要是拣去杂物，焙发香气，以利于储藏。焙制过程要尽量保持芽叶连枝。白牡丹和贡眉等高级产品多用手工拣剔，其精制程序为：

毛茶 → 拣剔 ↗ 正茶 → 匀堆 → 烘焙 → 装箱
　　　　　　 ↘ 片梗 → 归副茶处理

拣剔去梗过程中，带有叶张的梗不宜摘下，应保持原来枝叶相连的特征。光梗尾部带有毫心而不带叶张的，其毫心部分应摘下，拣去光梗。

中、低级产品应经平圆筛分筛。筛网配置为每英寸 2.5 孔或 3.1 孔，三口出茶，分别进行拣剔，正茶为半成品，均匀后焙干装箱。茶片经过筛分、风选，拣剔后拼堆成箱。如为粗大片，则还要经过打片机打片后，通过 4.5 孔筛捞筛，筛面为粗片，筛下为细片，均为半成品。

半成品拼堆后，用烘干机复火，温度为 120～130℃，摊叶厚约 2 cm，焙至含水量 5％左右，大约历时 15 min。在火候掌握上，高级茶稍轻，做到以火候衬托茶香并保持毫香明显；低级茶火候要做到以火香助茶香，烘干后应趁热装箱以防芽叶断碎。装箱操作要轻，逐层摇实，加压要轻，用力要匀。

对不同品种的白茶，审评侧重以外形嫩度为主，芽心肥、多茸毫为上；色枯、瘦薄的为次。白茶的色泽，芽和叶背银白，叶面绿色的为上，暗黄为次，带猪肝色叶张的最差。其中春茶品质最好，夏茶最差，秋茶适中。

1.5 黄茶品质与加工工艺的关系

黄茶的品质特征为黄叶黄汤。初制方法近似绿茶，只是在揉捻前后或初烘后增加“闷黄”工序。在湿热条件下闷堆发热，促使茶多酚自动氧化，叶绿素分解，使叶色、汤色变黄，香味变甜熟。

1.5.1 黄茶的加工工艺

黄茶制造的工艺流程是：杀青→闷黄→干燥。揉捻不是黄茶必不可少的工艺过程，例如君山银针、蒙顶黄芽就不揉捻，霍山黄芽只在杀青后期在锅内轻揉，也没有独立的揉捻

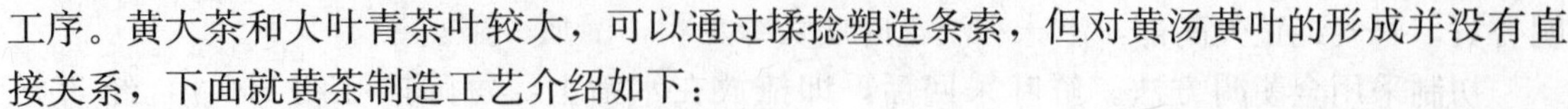

工序。黄大茶和大叶青茶叶较大，可以通过揉捻塑造条索，但对黄汤黄叶的形成并没有直接关系，下面就黄茶制造工艺介绍如下：

1. 杀青

黄茶通过高温杀青，以破坏酶的活性，蒸发一部分水分，散发青草气，对香味的形成有重要的作用。

黄茶杀青应掌握“高温杀青，先高后低”的原则，以彻底破坏酶活性，如杀青温度低，则在审评中就会发现红梗红叶红汤等不符合黄茶质量的情况。这就要求杀青时适当地少抛多闷，以迅速提高叶温，彻底破坏酶的活性。杀青过程中，由于叶子处于湿热条件下时间较长，叶色会略微发黄，所以杀青过程也能产生轻微的闷黄作用。至于杀青程度与绿茶无多大差异，某些黄茶在杀青后期，因结合滚炒轻揉做形，所以出锅时含水率会稍低一些。

黄茶揉捻可以采用热揉，因为在湿热条件下易揉捻成条，而且也不影响品质。同时，揉捻后叶温较高，有利于加速闷黄过程的进行。

2. 闷黄

闷黄是黄茶制作的独有工艺，是形成黄色黄汤品质特点的关键工序。作为一个制茶工序，有的是在杀青后闷黄，如沩山白毛尖；有的是在揉捻后闷黄，如北港毛尖、鹿苑毛尖、广东大叶青、温州黄汤；有的则在毛火后闷黄，如霍山黄芽、黄大茶；还有的是闷炒交替进行，如蒙顶黄芽三闷三炒；另外还有烘闷结合的，如君山银针二烘二闷；而温州黄汤第二次闷黄，采用了边烘边闷的方法，故称为“闷烘”。

影响闷黄的主要因素是茶叶的含水量和叶温。含水量越多，叶温越高，在湿热条件下的黄变进程也就越快。

闷黄时理化变化速度较缓慢，不及黑茶渥堆剧烈，时间也较短，故叶温不会有明显上升。制茶车间的气温、闷黄的初始叶温和闷黄叶的保温条件对叶温影响较大。为了控制黄变进程，通常要趁热闷黄，有时还要用烘、炒来提高叶温，必要时也可通过翻堆散热来降低叶温。

闷黄过程要控制叶子含水率的变化，要防止水分的大量散失，尤其是湿坯堆闷要注意附近环境的相对湿度和通风状况，必要时应盖上湿布以提高局部湿度并阻止空气流通。

闷黄时间的长短与黄变要求、含水率以及叶温有密切的关系。在用湿坯闷黄的黄茶中，温州黄汤的闷黄时间最长（2～3 天），而且最后还要进行闷烘，黄变程度较充分；北港毛尖的闷黄时间最短（30～40 min），黄变程度比较轻，因而常被误认为是绿茶；沩山白毛尖、鹿苑毛尖、广东大叶青则介于上述两者之间，闷黄时间 5～6 h；君山银针和蒙顶黄芽的闷黄是和烘炒交替进行，因此不仅制工精细，而且闷黄是在不同含水率条件下分阶段进行的，前期黄变快，后期黄变慢，历时 2～3 天，属于典型的黄茶；霍山黄芽在初烘后会摊放 1～2 天，因此黄变不太明显；黄大茶堆闷时间长达 5～7 天之久，但由于堆闷时水分含量低（已达九成干），故黄变十分缓慢，其深黄显褐的色泽，主要是在高温拉老火过程中形成的。

3. **干燥**

黄茶一般采用分次干燥，干燥方法有烘干和炒干两种。干燥时温度要求比其他茶类要低，且有先低后高的趋势。这实际上是为了使水分散失速度减慢，在湿热条件下，边干燥、边闷黄。沩山白毛尖的干燥技术与安化黑茶相似；霍山黄芽、皖西黄大茶的烘干温度要求也是先低后高，与六安瓜片的火功同出一辙，尤其是皖西黄大茶，拉足火过程温度高、时间长，色变现象十分显著，色泽由黄绿转变为黄褐，香气、滋味也会发生明显变化，对其品质风味形成产生重要的作用，与闷黄相比其黄变程度是有过之而无不及。

1.5.2 各类黄茶品质情况

由于采摘标准不同，闷黄的工序长短、先后也不同，所以就使黄茶出现了许多不同的花色品种，比较有代表性的有湖南君山银针、四川蒙顶黄芽、霍山黄芽和黄大茶等。

1. **君山银针**

君山银针是黄茶的一种，产于湖南岳阳城西洞庭湖中的一个小岛。君山银针芽头壮实，挺秀笔直，色泽浅黄，茸毫披露，汤色鹅黄明亮，冲泡后芽尖冲向水面，悬浮竖立，随后徐徐下沉于杯底，恰似春笋破土，笔直挺立，香气甜熟，滋味甜醇柔和，叶底全芽肥嫩、杏黄。达不到上述品质特征的，大多是周边仿制银针。初制工艺如下：

(1) 杀青。锅式杀青，每锅投叶量约 0.3 kg，两手轻轻翻炒，不摩擦锅壁。杀青时间 3～4 min，当芽的含水量降到 65%时出锅。

(2) 摊放。杀青出锅后，放在竹筐内摊放 5 min 左右，然后进行簸扬，散去余热、碎末。

(3) 初烘。将摊放叶放在裱糊牛皮纸的竹筐内，置于炭火上烘焙，每隔 2～3 min 进行一次轻微翻动，初烘至五六成干时下烘摊放 5 min 左右，然后进行初包。

(4) 初包。用双层牛皮纸包装，每包 1～1.5 kg，包后藏入木桶或铁皮桶中，闷黄 2 天左右，待芽色转为橙黄时即适度。

(5) 复烘。投叶量要比初烘增加 1 倍，待烘至七八成干时出烘摊凉。

(6) 复包。方法与初包相同，仍需要藏在桶中闷包 1 天左右。

(7) 干燥。通过上述工序后，黄茶品质基本形成，烘至足干即可。

初制品稍作整形后就可以进行分级，君山银针分为特号、一号、二号，二号设标样。

2. **蒙顶黄茶**

蒙顶黄茶是黄茶的一种，产于四川名山县蒙顶茶场。蒙顶黄茶外形微扁而直，芽整齐肥壮，色泽褐黄，汤色黄明，甜熟香，滋味甘醇，叶底显芽，色泽嫩黄。

初制流程为：杀青→初包→复锅→复包→三炒→摊放→四炒→烘焙。

(1) 杀青。锅式杀青，投叶量约 150 g，抖闷结合，历时 5 min 左右，叶含水量减至 55%～60%时趁热转入初包。

（2）初包。在湿热条件下，把杀青叶闷黄。杀青叶起锅后，立即用草纸包好，闷包60～80 min。

（3）复锅。将初包叶转入锅内炒3～4 min，边炒边稍加力，使茶叶直而微扁。当水分降到44％～48％，即转入复包。

（4）复包。用纸包好，闷包50～60 min。进一步闷黄叶色、汤色，随后转入三炒。

（5）三炒。经复包的茶叶再转入锅内炒3～4 min，使叶的水分降低30％～35％。

（6）摊放。经三炒后的茶叶再趁热撒在簸箕上，厚度5～7 cm，上盖草纸保温，闷堆24～36 h，即转入四炒。

（7）四炒。经摊放的叶，再转入锅内炒3～4 min，进一步炒直、压扁条索，当水分降至20％左右形态基本固定时，出锅摊放。如色泽不太黄可再闷堆1天左右。

（8）烘焙。经过四炒的叶，在烘笼上烘焙至足干，下烘包装入库。

3. 黄大茶

黄大茶是黄茶的一种，主产于安徽霍山和湖北英山，主销山东、苏北、山西等地。黄大茶的最大特点是大枝大叶，为一芽四五叶。初制流程为：杀青→初烘→闷堆→烘焙。初烘至叶含水率20％左右时，即可下烘趁热闷堆5～7天，再进行足火，烘至九成干时，加大火温焙至足干。

黄大茶分三级六等，在二、四、六等上设置标准茶样。

4. 霍山黄芽

霍山黄芽产于安徽霍山县。芽叶细嫩多毫，形似雀舌，叶色黄绿，汤色黄绿带黄圈，叶底嫩黄，滋味浓厚鲜醇，有清高板栗香味。初制分炒茶、初烘、摊放、复火、摊放、足火等步骤。初制特点是在初烘七成干和复火九成干后均要进行长达1～2天的摊放，使其回潮变黄，再高温烘焙至足干。

黄茶的闷黄是在湿热的条件下进行的，该工艺掌握得好在审评时能闻到黄茶的甜熟香味并观察到黄茶黄汤黄叶的品质特点。提高黄茶质量，改善粗老茶和夏秋茶的苦涩味，这是黄茶在闷黄加工工艺过程中应掌握的工艺技术。

1.6 黑茶品质与加工工艺的关系

黑茶以边销为主，大部分内销，少量外销，习惯上称“边销茶”。黑茶初制工艺流程为：杀青→揉捻→渥堆→干燥，其中渥堆工序是黑茶的重要加工工艺，它能促进非酶性化学变化，形成油黑或褐绿的叶色，褐黑或褐红的汤色，以及醇和的滋味，故又称“后发酵茶”。

黑茶对鲜叶要求与再加工成的紧压茶要求是一致的，不像红茶、绿茶要求那么严格，而且采茶以“割”代“摘”。鲜叶外形粗大，叶老梗长，但要求有一定的成熟度，叶质新鲜。

黑茶品类众多，初制和再制成形的方法不尽相同，形体多种多样，品质个性差异很大。但共性特征很明显：一是初制过程都有渥堆变色，有的是湿坯渥堆，有的是干坯后发酵；二是干茶色泽都是黑褐油润，汤色褐黑或褐红，香味纯和不涩，叶底黄褐粗大；三是黑茶成品都是经压制成为各种形状。

黑茶主要产区在湖南安化、湖北、四川、云南等地。黑茶产品主要有湖南黑茶、湖北老青茶、广西六堡茶、四川的南路边茶及西路边茶及云南普洱茶等。

1.6.1 湖南黑茶

湖南黑茶的初制工艺分杀青→初揉→渥堆→复揉→干燥五道工序。

1. 杀青

由于黑茶鲜叶粗老，梗多叶大，常采用高温快炒的方法，锅温掌握在300℃左右，每次投叶量为5 kg左右，杀青时间约2 min，要多闷少透。当叶色呈暗绿，茶梗不易折断并发出清香时，即为杀青适度。

2. 初揉

杀青叶出锅后要趁热揉捻，具体方法可参照绿茶制法。

3. 渥堆

渥堆是形成黑茶特征的关键工序。一般认为，杀青后酶的活性也被破坏。黑茶渥堆时会产生热量，由于微生物的作用，使叶内多酚类化合物自动氧化，所以也称“后发酵”。

渥堆时要将初揉后的茶叶置于室温在25℃以上，相对湿度在85%左右的室内洁净地面上，堆高1 m左右，上面加盖湿布。堆温要控制在45℃左右，历时20 h左右，直到茶堆表层出现水珠。渥堆完毕后，应可嗅到茶坯有酒糟和酸辣的气味，叶色呈暗黄褐色。

湖南黑茶的渥堆工序掌握得好坏与茶叶审评时评定的品质等级有直接的关系，这是因为在渥堆过程中，水热作用主要受茶坯含水量影响。一般渥堆含水量以60%～65%为宜。茶坯含水量过高渥堆容易渥烂；含水量过低，渥堆进程缓慢，化学变化不充分。渥堆需要适宜的堆温，一般为30～40℃，不超过45℃为宜。在渥堆过程中叶色呈暗黄色，酒糟气味浓烈，这是其内部化学变化的结果，在这个变化的过程中茶多酚会减少，叶绿素遭到破坏和陈化，另外一些色素如胡萝卜素、叶黄素、花黄素等也会发生一系列变化，这些变化对茶汤和叶底色泽均有影响。此外，在湿热情况下，氨基酸的含量会增加，糖类也会有变化，这对黑茶的香味也能产生良好影响，因此，掌握好渥堆工艺，对黑茶品质的形成是有关键作用的。

4. 复揉

开堆解块复揉。先揉堆内层，外层可继续加深渥堆，以补表层的不足。复揉时间可比初揉短，加压程度应比初揉轻。

5. 干燥

黑茶可用烘焙和晒干两种干燥方法。烘焙法要在特制的“七星灶”上进行，用松柴明火一次焙干，以使黑茶具有独特的“松烟香”。

1.6.2 湖北老青茶

湖北老青茶的主要产地在鄂南的蒲圻、咸宁、通山、崇阳、通城等县。湖北老青茶分为三级，鲜叶采割标准按茎梗皮色分：一级茶（洒面茶）以白梗为主，稍带红梗，即嫩茎基部呈红色（俗称乌巅白梗红脚）；二级茶（二面茶）以红梗为主，顶部稍带白梗；三级茶（里茶）为当年生红梗，不带麻梗。

湖北老青茶制造工艺中，面茶较精细，里茶较粗放。传统的手工制法是：面茶三炒、三揉（或一揉两捆仓）、一筛、两晒；里茶一炒、一揉、一晒。现多使用机械制造方法，面茶简化为两炒、两揉、两晒、一渥堆；里茶为一炒、一揉、一晒、一渥堆。

面茶的制造工序依次为：杀青→初揉→初晒→复炒→复揉→渥堆→晒干。里茶的制造工序依次为：杀青→揉捻→渥堆→晒干。

1. 杀青

一般使用84型双锅杀青机杀青。锅温300～320℃，每锅投叶量为8～10 kg。投叶后加盖闷炒，需6～8 min，待青气消除，发出香气，叶色变为暗绿，叶质变柔软，即可出茶。

杀青务必做到杀透杀匀，避免炒焦，以利揉捻。如杀青不透，揉捻时叶子会揉成丝瓜瓤状，并易产生脱皮梗；如杀青叶含水量过少，叶质干枯，揉捻时叶子易形成摊片，俗称“鸭脚板”，因此，杀青不透或过透都会对品质造成影响。如鲜叶叶质粗硬、叶子含水量较少或天气干燥时，可适当洒些水，再进行杀青。杀青完成后，出叶要迅速，以防止烧焦产生烟焦味。

2. 初揉

杀青叶必须趁热揉捻。因湖北老青茶质地粗老，纤维素含量多，果胶质、蛋白质含量少，若不趁热揉捻，待热量和水分散失后，条索会很难揉紧，叶片容易揉碎。现在一般多使用机械进行揉捻，常用的揉捻机有40型和55型两种。40型揉捻机每机每次可揉杀青叶7～8 kg，55型揉捻机每机每次可揉杀青叶20～25 kg。揉捻加压应由轻到重，逐步加压。因为杀青是闷杀，又要热揉，所以叶表面附着了一些水分，如果揉捻一开始就加重压，则叶子易互相贴紧，形成“死坨”，使中间的叶子因翻动不便而不能卷成条形。具体加压办法是：小型揉机先轻压1 min，再中压2 min，后重压4～5 min；中型揉机先轻压1～2 min，再中压2～3 min，后重压5～6 min。初揉全程共需8～12 min，以揉至叶片卷皱，初具条形为适度。

3. 初晒

初揉叶应立即出晒，其作用是蒸发部分水分，使初揉形成的外形得以固定。出晒茶坯，要注意清洁卫生，不能晒在泥地上，一定要晒在水泥场上或晒在垫上。在晒的过程中，要注意经常翻动。晒至茶条略感刺手，握之有爽手感，松手有弹性，即可收拢成堆，使叶间水分重新分布均匀，此时含水量为35%～40%。

4. 复炒

复炒的目的是把初晒叶炒热、回软，以便复揉成条。复炒仍在杀青机中进行，但锅温较低，为 160～180℃。初晒叶下锅后即应加盖闷炒，炒 1.5～2 min，待盖缝冒出水汽，手握复炒叶感觉柔软时，就应立即出锅，趁热复揉。

5. 复揉

复揉的目的是使茶条进一步卷紧，揉出茶汁，以利渥堆。复揉仍在中、小型揉机中进行。复揉时间：小型揉机 2～3 min，中型揉机 4～5 min。加压仍由轻到重，但以重压为主。

6. 渥堆

渥堆的目的是使叶内多酚类化合物等物质在水热作用下继续发生化学变化，消除青气和涩味，形成湖北老青茶汤色橙红而浓以及滋味纯和的特有品质。

渥堆茶坯的含水量：洒面、二面要求为 26%，里茶要求为 36%。各级茶坯应分开渥堆，不能混合。渥堆一般进行两次，中间翻堆一次。具体作法是用铁耙将茶坯筑成长方形小堆，并将其边缘部分踩紧踩实，以利保温。经 3～5 天，面茶堆温达到 50～55℃，堆顶布满红色水珠，叶色变为黄褐色；里茶堆温达到 60～65℃，堆顶满布猪肝色水珠，叶色变为猪肝色，茶梗变红，即为第一次渥堆适度。这时需要进行翻堆，用铁耙将茶堆扒开，打散团块，将边缘部分翻到中心，堆底部分翻到堆顶，重新筑堆，让茶叶继续进行非酶性的自动氧化。再经 3～4 天，待茶堆重新出现上述水珠和叶色，原有粗青气消失，含水量接近 20%，手握有刺手感即为渥堆适度，此时应及时将茶叶翻堆出晒。

渥堆时间的长短，因茶坯含水量的多少、茶堆的大小和气温高低的不同而有很大差异。为了正确掌握渥堆中的翻堆时间，必须勤加检查，做到“三多”，即多看，看堆面水汽变化；多摸，用手插入堆内，试探堆温；多嗅，一般开始为水气味，逐步转变为青臭气味、酸气味，到后期发出香气时，即为渥堆适度。

7. 晒干

湖北老青茶干燥时一般采用晒干法。为避免泥沙和其他夹杂物混入茶内，湖北老青茶干燥时应一律摊放在水泥场上或晒垫上，切忌晒在泥地上。晒至梗折可断，干燥刺手，含水量 15%左右即可。

值得注意的是在湖北老青茶制作过程中，鲜叶和揉捻叶都不能堆放过久。堆放过久，会造成“渥青”“渥坏”，成为“网筋叶”。揉好的茶坯，遇到连阴雨，不能及时初晒时，应将揉捻叶抖散堆积，压紧压实。如茶堆内发热，就及时翻动，散发热气后再堆紧。如此反复进行，直到天晴出晒。切不可将揉捻叶薄摊。因为这样做，会有利于黑霉菌的生长繁殖，使茶叶霉烂脱梗，叶面发黑，品质劣变。

1.6.3 广西六堡茶

广西六堡茶因产于广西苍梧县六堡乡而得名。广西六堡茶的采摘标准为一芽二、三叶至一芽三、四叶。采后要保持新鲜，当天采当天制完。广西六堡茶的制造工序依次为：杀青→揉捻→渥堆→复揉→干燥。

1. 杀青

六堡茶的杀青特点是低温杀青。但相比较而言，全程温度大致上仍有一个“低—高—

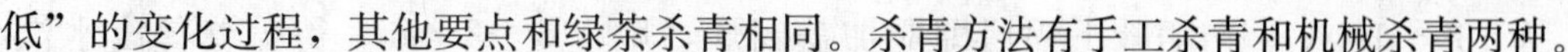

低”的变化过程，其他要点和绿茶杀青相同。杀青方法有手工杀青和机械杀青两种。

2. 揉捻

广西六堡茶的揉捻以整形为主，细胞破碎率为辅。因湖北六堡茶要求耐泡，细胞破碎率不宜太大，掌握在65%左右为宜。杀青叶揉捻前须进行短时摊凉，以30 min为好。粗老叶则不必摊凉，须趁热揉捻，以利成条。

3. 渥堆

渥堆是形成广西六堡茶独特品质的关键性工序，其目的是通过渥堆的湿热作用，促进内含物质的转化，减除苦涩味，使滋味变醇，消除青臭气，散发特殊香气，破坏叶绿素，使叶色转变为深黄褐色。

4. 复揉

经渥堆后的茶坯，有部分水分散失，条索回松，需复揉一次，使条索卷紧，并使茶汁相互浸润，干湿一致，以利干燥，复揉时要轻压、轻揉，使条索达到细紧为止。

5. 干燥

广西六堡茶的干燥是在七星灶上采用松柴火烘焙，并分初烘和足烘，足烘烘至含水量10%以下，即为干燥适度。

1.6.4 四川南路边茶、西路边茶

四川南路边茶是四川生产，专销藏族地区的一种紧压茶。花色主要有康砖、金尖。其原料粗老，包含一部分茶梗，加工过程较为复杂。四川南路边茶的制造工序依次为：蒸汽杀青→初揉→初干→复揉→渥堆→干燥。这样制得的茶叶称为“做庄茶”，品质相对较好。而只有杀青、干燥两道工序的毛庄茶相对来说品质较差，但精制后可以成为茯砖和方包茶的原料之一。

四川西路边茶简称西边茶，其原料较四川南路边茶更为粗老，其初制工艺简单，将刈割的茶枝条直接晒干即可，可以作为筑制方包茶的配料，西边茶的含梗率可达60%左右。

1.6.5 云南普洱茶

1. 概况

云南普洱茶是我国历史悠久的云南产特种茶，在明清时期，泛指集中于当时经济文化中心普洱府（今普洱县城），今云南省思茅、西双版纳地区古六大茶山主产的茶叶。但随着时代变迁和科技进步，经继承、创新和发展，现代的普洱茶已经是指我国云南省昆明、勐海、思茅、下关等地用云南大叶种晒青绿毛茶经精制整理或蒸压成形后长年储存陈化获得的茶品，以及20世纪70年代以来经技术改革创新，采用云南大叶种绿毛茶经增湿渥堆及后熟陈化制得的产品，前者具有量少而品质不稳定，价格高的特点。而增湿渥堆陈化工艺普洱茶产品具有质量稳定，生产周期较短的特点，适应现代化大生产，再加上价格适中、风味好、生理调节作用明显而成为当今主流的普洱茶消费产品。

2. 普洱茶的品质特点

普洱茶具有干茶色泽褐红，条索肥壮重实，耐储耐泡，茶汤红浓明亮，陈香显著，滋味浓醇，叶底肥厚柔软的特点。

普洱茶都是以云南大叶种茶树的鲜叶经过杀青、揉捻、日晒等工序制成的晒青毛茶为原料，再经渥堆、蒸揉、成形而成的，其原料“晒青”分为春蕊等六个等级，其品质特征见表1—4。

表1—4　云南晒青毛茶品质特征

项目		春蕊	春芽	春尖	甲配	乙配	丙配
外形	条索	肥嫩紧直有锋苗	肥嫩紧直尚有锋苗	肥嫩紧尚直无锋苗	粗壮尚紧	粗壮稍松	粗壮
	整碎	匀整	匀整	尚匀整	尚匀整	匀整稍差	欠匀整
	色泽	墨绿润泽白毫特多	墨绿润泽白毫多	墨绿调匀白毫较多	墨绿欠匀有白毫	墨绿稍花杂有白毫	花黄少毫
	净度	无梗杂	稍有嫩茎	有嫩茎	稍有梗片	有梗片	朴片稍多
内质	汤色	黄绿清澈	黄绿明亮	黄绿尚亮	黄绿尚明	黄绿	黄绿欠明
	香气	清香浓郁	清香尚浓郁	清香尚浓	有清香	纯正	稍粗
	滋味	醇厚爽口	醇浓	醇厚	醇和	稍粗淡	粗淡
	叶底嫩度	嫩匀多芽	嫩匀有芽	嫩匀	欠嫩匀	稍粗	较粗老
	叶底色泽	黄绿明亮	黄绿尚亮	黄绿稍有红梗红叶	黄绿欠匀稍有红梗红叶	黄绿欠匀稍有红梗红叶	暗绿不匀有红梗红叶

普洱茶成品主要有普洱散茶（宫廷普洱）、普洱沱茶、普洱方茶（见彩图1）、七子饼茶（熟饼、青饼，见彩图2）及普洱小沱茶等，其产品规格及品质特征见表1—5。

表1—5　普洱茶成品规格及品质特征

茶名	产地	规格及尺寸	品质特征
普洱散茶	勐海、思茅、下关、宜良	—	条索肥壮重实显毫，色泽褐润，陈香显露，汤色红亮、滋味醇和，叶底红褐稍软
普洱沱茶	下关	100 g，外径8.3 cm，高度4.3 cm	外形紧结端正，色泽乌润，白毫显露，陈香醇厚，汤色红浓，滋味醇和回甘
普洱方茶	昆明、勐海	250 g，10.1 cm×10.1 cm×2.2 cm 100 g，2.5 cm×8.5 cm×2.0 cm	白毫显露，香气纯浓，滋味浓厚，汤色红明，叶底嫩匀尚亮
七子饼茶（熟饼）	勐海、下关、昆明	357 g，直径20.0 cm，中心厚度2.5 cm，边厚1.0 cm	色泽褐润，白毫显露，香气浓纯，汤色红亮，滋味醇和
七子饼茶（青饼）	勐海、下关、昆明	357 g，直径20 cm，中心厚度2.5 cm，边厚1.0 cm	色泽褐润，白毫显露，香气浓纯，汤色黄绿，滋味浓强

续表

茶名	产地	规格及尺寸	品质特征
普洱小沱茶	下关、昆明	2 g，直径 2.1 cm，高度 1.2 cm	色泽暗褐，香气纯正，汤色橙红，滋味醇厚

3. 现代普洱茶的加工工艺

新中国成立以后，随着科技进步以及产地运输条件的改善，茶叶运输已经不再需要遭受人背马驮、日晒雨淋之苦，普洱茶发展进入现代普洱茶阶段。由于国内外需求增加及生产运销条件的变化，普洱茶制法在产销区得以继承和创新，发展形成了独具特色的现代人工渥堆后发酵普洱茶，20 世纪 70 年代后该技术逐步走向成熟。现代普洱茶加工工艺流程为：

云南大叶种鲜叶→杀青（锅炒或滚筒杀青为主）→揉捻（盘式揉捻机）→干燥（日光）→毛茶分级归堆→增湿渥堆（后发酵）→风干陈化→筛分拣剔拼配→

┌→包装 → 检验出厂 → 普洱散茶
灭菌→压制干燥→包装检验出厂 → 普洱紧压茶
└→深加工 → 普洱速溶茶

人工渥堆技术是我国普洱茶生产技术的重大改革与创新，是勤劳智慧的中国茶人继 17 世纪发明红茶后对世界茶业的又一重大贡献，应当记入世界茶业史册。

4. 普洱茶的生化成分与品质形成

普洱茶在加工过程中采用了晒青、渥堆、陈化等特殊工艺，使其在制品生化成分上发生了一系列变化。特别是在渥堆过程中茶多酚、儿茶素减少，茶黄素和茶红素聚合，可溶性糖含量下降，茶褐素和水不溶性茶多酚增加，大大降低了茶汤中的收敛性和苦涩味，使茶汤滋味醇和不涩，再加上较高的可溶性水浸出物含量，就形成了普洱茶滋味醇厚、汤色红褐和耐冲泡的品质基础。

另外，在化学成分转化的同时，各种成分的比重也进行了重新分配，并产生了一系列新的化学成分，以及新的可溶性化合物，特别是醛类化合物的含量大幅增加。这些香气物质进一步聚合，从而形成了普洱茶陈香醇爽的品质风格。

职业技能鉴定要点

行为领域	鉴定范围	鉴定点	重要程度
理论准备	绿茶品质与加工工艺关系	杀青工序	★★
		揉捻工序	★★
		干燥工序	★★
		按干燥方法分 炒青绿茶 烘青绿茶 晒青绿茶 蒸青绿茶	★★★

续表

行为领域	鉴定范围	鉴定点	重要程度
理论准备	红茶品质与加工工艺关系	萎凋工序	★★
		揉捻工序	★★
		发酵工序	★★
		干燥工序	★★
		各类红茶品质情况 工夫红茶 小种红茶 红碎茶	★★★
	青茶品质与加工工艺关系	萎凋工序	★★
		摇青工序	★★★
		揉捻	★★
		烘焙与干燥	★★
		福建青茶 广东青茶 台湾青茶	★★★
	白茶品质与加工工艺关系	白毫银针加工工艺	★★
		白牡丹、贡眉加工工艺	★
		寿眉加工工艺	★
	黄茶品质与加工工艺关系	杀青工序	★★
		闷黄工序	★★★
		干燥工序	★★
	黑茶品质与加工工艺关系	湖南黑茶加工工序	★★
		湖北老青茶加工工序	★
		广西六堡茶加工工序	★
		四川南路边茶加工工序	★
		云南普洱茶加工工序	★★★
技能训练	炒青绿茶	长炒青品质	★★
		外销眉茶品质	★
		圆炒青品质	★
		扁炒青品质	★★
	烘青绿茶	烘青品质	★
		花茶级坯品质	★

续表

行为领域	鉴定范围	鉴定点	重要程度
技能训练	晒青绿茶	晒青品质	★
	蒸青绿茶	蒸青茶品质	★
	工夫红茶	祁门红茶品质 滇红工夫品质	★★★
	小种红茶	正山小种品质 外山小种品质	★★
	红碎茶	传统红碎茶品质 CTC 红碎茶品质	★★
	福建青茶	铁观音、色种、武夷岩茶品质	★★★
	广东青茶	乌龙茶、凤凰单枞等品质	★★
	台湾青茶	冻顶乌龙茶等品质	★★
	白茶类	白毫银针品质	★★
		白牡丹品质	★
		寿眉品质	★
	黄茶类	君山银针品质	★★
		蒙顶黄芽品质	★★
		黄大茶品质	★
		霍山黄芽品质	★
	黑茶类	湖南黑茶品质	★
		湖北老青茶品质	★
		广西六堡茶品质	★
		云南普洱散茶品质 云南普洱紧压茶品质	★★★

单元测试题

一、判断题（下列判断正确的请打“√”，错误的打“×”）

1. 珍眉绿茶中的雨茶属于圆炒青类。（ ）
2. 采用蒸汽干燥的绿茶为蒸青绿茶。（ ）
3. 红碎茶的茶汤滋味是强浓鲜的。（ ）
4. 青茶的香气似花果香。（ ）
5. 君山银针产生湖北鹿苑。（ ）

6. 普洱茶鉴定中，滋味品尝主要看纯度。（ ）
7. 普洱茶的香气取决于原料（云南大叶种）品质。（ ）
8. 云南下关沱茶选用滇西南的云南大叶种原料加工而成。（ ）

二、单项选择题（下列每题的选项中，只有1个是正确的，请将其代号填在横线空白处）

1. 一般来说，茶叶的外形形状主要是在________工序中确定的。
   A. 杀青　B. 揉捻　C. 干燥
2. 圆炒青初制加工的干燥工艺中，一般分为________、小锅、对锅和大锅4个工序。
   A. 头青　B. 二青　C. 三青
3. 工夫红茶香味浓而带甜，富有刺激性，审评术语称之为________。
   A. 甜浓　B. 浓烈　C. 浓厚
4. 青茶的外形重视________忌断碎。
   A. 色泽　B. 整碎　C. 净度
5. 黑茶渥堆又称________。
   A. 后发酵茶　B. 不发酵茶　C. 先发酵茶
6. 鲜叶中的________是形成普洱茶品质的重要物质。
   A. 香气　B. 多酚类物质　C. 叶的鲜嫩度
7. 黑茶渥堆工序中，________是影响普洱茶品质形成的关键。
   A. 原料
   B. 发酵时间的长短和环境适宜度
   C. 微生物转化
8. 湖南黑茶主产于________。
   A. 湖南安化桃江等地　B. 湖南长沙　C. 沪宁乡等地

三、匹配题（请将匹配选项的代号填在括号中）

1. (1) 贡熙属于（ ）
   (2) 六安瓜片属于（ ）
   (3) 珠茶属于（ ）
   A. 圆炒青　B. 长炒青　C. 扁炒青
2. (1) 红茶带有涩味富有刺激性（ ）
   (2) 工夫红茶味浓带甜富有刺激性（ ）
   (3) 品质好的工夫红茶，滋味（ ）
   A. 浓醇　B. 甜浓　C. 甜涩
3. (1) 白毫银针的茶树品种（ ）
   (2) 大白茶的茶树品种（ ）
   (3) 水仙白的茶树品种（ ）

A. 水仙种芽叶

B. 大白茶或水仙种的芽梢

C. 政和或福鼎大白茶品种芽叶

4.（1）君山银针色泽（　　）

（2）蒙顶黄芽色泽（　　）

（3）霍山黄芽色泽（　　）

A. 浅黄　　B. 褐黄　　C. 黄绿

5. 普洱茶的品质要求：

（1）汤色（　　）　　（2）香气（　　）

（3）滋味（　　）　　（4）叶底（　　）

A. 红浓明亮　　B. 陈香，也有似桂圆香

C. 醇和回甘　　D. 色泽明亮

四、简答题

1. 毛峰属烘青类绿茶，在审评时应注意些什么？

2. 简述祁门红茶品质特点和审评的重点。

3. 简述铁观音的初制流程。

4. 简述普洱茶化学成分与品质的关系。

5. 红茶加工与普洱茶加工有何区别？

单元测试题答案

一、判断题

1. ×　2. ×　3. √　4. √　5. ×　6. ×　7. ×　8. √

二、单项选择题

1. B　2. B　3. A　4. B　5. A　6. B　7. B　8. A

三、匹配题

1.（1）B　（2）C　（3）A

2.（1）C　（2）B　（3）A

3.（1）B　（2）C　（3）A

4.（1）A　（2）B　（3）C

5.（1）A　（2）B　（3）C　（4）D

四、简答题

1. 答：毛峰茶在审评时外形上要注意干茶色泽与嫩度。色泽嫩绿的为上品，色绿的为中档，暗绿的为下档，审评时要重视色泽的翠绿程度。香气要注意清香与滋味的醇爽程度。

2. 答：外形细紧，峰苗良好，色泽乌黑油润，汤色红艳，香气浓郁带蜜糖香，滋味醇和回甘，叶底红匀细软，审评时重点抓嫩度和条索紧实程度。

3. 答：萎凋→摇青→杀青→揉捻→初干→初包→复揉→复包→足干。

4. 答：普洱茶以云南大叶种“晒青”为原料，多酚类物质含量较多，经渥堆中微生物的作用，使茶多酚、叶绿素氧化。在水热作用下，促进了茶香物质的形成，大大降低了茶汤中的收敛性，使茶汤醇和，增加了可溶性糖类物质和可溶性水浸出物，从而使茶汤滋味醇厚，汤色红褐。

5. 答：普洱茶的原料是大叶种加工的晒青绿茶，适度潮水渥堆及微生物自然接种是品质形成的关键环节。红茶为全发酵茶，其加工的初级原料是中小叶种的鲜叶，且从鲜叶至成品是连续完成的。而普洱茶是后发酵茶，干燥结束时其品质特征尚未彻底形成。它们两者有质的不同。

第 2 单元

再加工茶的品质审评

再加工茶包括花茶、紧压茶、速溶茶、袋泡茶、液体茶与工艺茶等。它是以各类成品、半成品茶叶为原料，经过各种不同形式的再加工工艺制成的。

我国地域辽阔，各地人民所喜爱的茶叶品种也有不同，同时随着人民生活水平的不断提高和茶文化的弘扬和发展，各地人民对茶的爱好和要求也在不断提高。由此而生的再加工茶的品种也越来越多。本教材选择了大家所熟悉的花茶、紧压茶、速溶茶和工艺茶为重点的品质审评内容。这是作为茶叶审评师（高级）必须掌握的知识内容和实际操作要求，学好此部分内容可以更好地为社会服务。

学习要点

熟悉

再加工茶类的基本情况

掌握

再加工茶类的理论知识；再加工茶类的品质形成过程

2.1 花茶

2.1.1 花茶概况

1. 花茶的种类

花茶种类很多，有茉莉花茶、白兰花茶、珠兰花茶、玳玳花茶、桂花乌龙、栀子乌龙、玫瑰花茶等。其中以茉莉花茶的产量最多，饮用面最广。

2. 花茶的产区

花茶的产地有福建的福州、宁德，江苏的苏州、南京，浙江的金华、杭州，四川的成都，广西的桂林，广东的广州等地。花茶各种类产地如下：

茉莉花茶因产地不同，质量上会有很大的差异。如福建产的茉莉花茶各级级坯嫩度都很好，特级高档的有“银毫”“春风”“雀舌”；广西产的茉莉花茶，外形肥壮，一级茶坯显芽。

珠兰花茶主产于安徽歙县、浙江金华、江苏苏州。成品茶清香柔和，滋味醇和耐冲泡。

白兰花茶主产于广州、福州、苏州、成都等地。成品茶花香浓烈，带熟苹果香，滋味醇厚。

玳玳花茶主产于浙江金华、江苏苏州。成品茶清香幽雅，滋味醇和，花香味浓且耐泡。

桂花茶主产于桂林、杭州、苏州、南京等地。成品茶香气较浓，但不鲜灵。

玫瑰花茶主产于福建、广东、广西。成品茶汤色红亮，甜香浓郁。

2.1.2 主要花茶的品质

1. 茉莉花茶

茉莉花茶是用已经加工干燥的茶坯为原料，与含苞待放的茉莉鲜花混合窨制而成的再加工茶。其色、香、味、形与茶坯的种类、质量及鲜花的品质有密切的关系。大宗茉莉花茶以烘青绿茶为主要原料，统称茉莉烘青。茉莉花茶的分级品质要求见表2—1。

表2—1　各级茉莉花茶品质的最低要求

级别	应具有的最低品质
一级	条索细紧、匀整、花香味浓，有一定鲜灵度
二级	条索紧结重实，花香味醇厚
三级	尚紧结，稍有梗朴，花香味纯正，稍带兰香
四级	较短秃，有梗朴，有茉莉香和兰香
五级	较松扁，质地较轻，有花香味，茶叶较粗
六级	松扁，身骨轻，露梗朴，有花香，茶叶粗涩
水分限量：一、二级茶≤8.5%，三至六级茶≤8.8%	

2. 珠兰花茶

珠兰花茶是以绿茶茶坯为原料，然后混入珠兰花窨制而成的再加工茶。其具体制作方法是：先将珠兰鲜花拆花，摊放，再与茶坯拼和、通花、复火、匀堆、装箱。下花量一般为每 100 kg 茶坯拼 5～7 kg 鲜花，级外茶为 3～4 kg，窨 15～20 h 后不去花干也不提花，复火后待茶温降到 40℃左右即可装箱。

珠兰花茶原来分 1～4 级，但所用茶坯相当于 3～6 级。现统一规格，成品珠兰花茶分为 3～6 级，级坯嫩度与茉莉花茶的同级嫩度相同。成品花茶清香柔和，滋味醇和，耐冲泡。

珠兰花茶因是带花干复火，所以常由于花枝未干，导致成茶含水量大于 10%。珠兰花茶审评时应注重花香的纯度，是否带陈霉味。

3. 白兰花茶

白兰花茶是指用白兰花窨制的花茶。北方习惯称为“玉兰花茶”。白兰花为木兰科含笑属常绿乔木。在广东、福建为露天栽培，但在北方冬天结冰的地区只能盆栽，入冬后移入花房防冻。白兰花开花期很长，4—11 月都有花，8—9 月为盛花期，色泽乳白，花蕾似毛笔，直径约 1 cm，长 4～5 cm。待花瓣微微张开时采下，可于室内稍作摊放。

窨前先将鲜花轧碎或人工拆瓣弃花心。茶坯要烘干至水分含量低于 5.5%，否则窨花后成茶水分含量会超过 10%，易陈化变质。

白兰花茶的窨制流程为：窨花拌和，匀堆装箱。不需要通花、起花、提花、复火。每 100 kg 茶坯，鲜花级内茶 5～6 kg，级外茶 4～5 kg。成茶分 1～6 级，副茶分片、末和茶芯。有的茶厂无一级、二级茶坯，起点级是三级至六级，级坯嫩度与茉莉花茶茶坯相同。

白兰花茶的品质特点是：花香浓烈，带熟苹果香，滋味醇厚。白兰花茶主产于广州、福州、苏州、成都等地，年产量 2 000～3 000 t，主销山东、陕西等地，产销量仅次于茉莉花茶，是销区喜爱的大宗花茶。

4. 玫瑰花茶

玫瑰花茶是指用玫瑰花窨制的花茶。所用茶坯大多为工夫红茶。玫瑰又称绯红，为蔷薇科蔷薇属，落叶灌木，枝上长小刺。4—10 月为开花期，5—6 月为盛花期。玫瑰花朵肥大，属重瓣花，颜色有大红、紫红、白色、黄色等，用于窨花的多为红玫瑰。用于窨制的玫瑰花处理方法是：先将鲜花拆瓣，筛去花蒂，然后再将茶坯复火烘至水分含量 4.5%左右，冷却。玫瑰花茶的窨制工艺流程为：窨花拌和，加温窨制，通花，带花复火，中途起花，筛出花干，提花匀堆装箱，一窨一提。每 100 kg 茶坯配鲜花 1 级 17 kg、2 级 16 kg、3 级 15 kg、4 级 14 kg、5 级 14 kg、6 级 12 kg；提花都为 2 kg，加温后囤窨 18～20 h，当囤内茶温升到 45℃时，应通花散热。通花一天后，当花瓣褪色至淡黄时，即要复火。复火后筛出花渣，茶坯仍盛放在囤内一天左右，趁茶微热时进行提花。提花用的花干不需筛出。

成品玫瑰花茶若汤色红亮，甜香浓郁，香气芬芳则为红茶中的佳品。

5. 玳玳花茶与桂花茶

玳玳花茶指用玳玳鲜花窨制的花茶或在成品绿茶中添加已被烘干的玳玳花。玳玳花为芸香科柑橘属，常绿灌木，每年 4—5 月开花，花期 30 天左右，花朵洁白细小，与橘子花相似。

玳玳花茶窨制工艺流程：先将玳玳鲜花摊放至花蕾微微破头即可付窨，然后再窨花拌和、加温热窨、通花、收堆续窨、带花复火、中途出花（花渣烘干）、冷却、提花（将鲜花轧碎后，筛去花蒂再用）、拼和、匀堆，最后成箱。每 100 kg 坯用 32 kg 鲜花窨花，然后用 2 kg 鲜花提花。

桂花茶窨制工艺流程：茶坯先复火至含水量小于 5%，随后冷却，鲜桂花要经过摊放散热、过筛、捡出枝叶等杂质后，再进行窨花拌和、通花散热、收堆续窨、匀堆后即可装箱。桂花茶大多采用囤窨，也有用箱窨的，当囤（箱）温高于 40℃时即要通花散热，当茶温降到 35℃左右，应收堆复窨。每 100 kg 茶坯用鲜桂花 7 kg，窨花过程约需 48 h，然后就可匀堆装箱，中间不用提花、起花、复火。但水分超过 10%时要复火，否则易产生霉变。所用茶坯大多是绿茶和青茶，很少用红茶。

玳玳花茶的品质特点是清香浓郁，具有开胃通气和帮助消化的保健功能，是我国卫生部公布的 69 种药食同源的食品之一。

桂花茶香气较浓，但不鲜灵，茶中所含干花色泽黄的为上品，带黑花干的为下品。桂花茶大多是四、五、六级的中下档茶。

2.1.3 花茶审评

花茶外形审评条索、嫩度、整碎和净度，窨花后的条索稍松一些，色泽带黄也属正常。内质审评香气、汤色、滋味和叶底。花茶的品质是以香味为主，通常从鲜、浓、纯三个方面来评比，一般开汤后，先嗅香气，后看汤色，尝滋味，再看叶底。花茶的汤色一般比茶坯深一些，但滋味较醇，叶底主要看嫩度和匀度。

花茶内质审评有两种方法，一种是单杯审评，另一种是双杯审评。

1. 单杯审评

单杯审评又分为一次冲泡和二次冲泡两种方法。

（1）单杯审评一次冲泡法。一般称取 3 g，用 150 mL 杯或碗冲泡。如花茶中有花渣必须拣净，因为花中含有较多花青素，用沸水冲泡后，会增加茶汤的苦涩味，影响审评结果的正确性。冲泡时间为 5 min，开汤后先看汤色是否正常，看汤色的速度要快，接着趁热嗅香气，审评鲜灵度，茶汤变温后再嗅浓度纯度，然后评滋味，花香味上口快而且爽口，说明鲜灵度好，在舌尖上打滚时，评比浓醇，最后冷闻香气，评比香气的持久性。对花茶审评技术比较熟练的人员可采用此种方法。

（2）单杯二次冲泡法。单杯二次冲泡法是指一杯样茶分二次冲泡，第一次冲泡 3 min，评香气的鲜灵度，滋味的鲜爽度；第二次冲泡 5 min，评香气的浓度和纯度以及滋味的

浓醇。这种方法正确性较一次冲泡法好，但操作上较麻烦，用时也长，对初学者比较合适。

2. 双杯审评

双杯审评是指同一茶样冲泡两杯。目前，双杯审评也有两种形式，一种是双杯一次冲泡，另一种是双杯二次冲泡。

（1）双杯一次冲泡法。即同一茶样称取两份，两杯同时冲泡，冲泡时间 5 min，先看茶汤的色泽，趁热嗅香气的鲜灵度和纯度，再评滋味，最后冷嗅香气的持久性。

（2）双杯二次冲泡法。同一茶样称取两份，每份 3 g，第一杯只评香气，分二次冲泡。第一次冲泡 3 min，评香气的鲜灵度；第二次冲泡 5 min，评香气的浓度和纯度。第二杯专供评汤色、滋味、叶底，原则上一次性冲泡 5 min。

2.2 紧压茶

2.2.1 紧压茶概况

1. 紧压茶产区分布

紧压茶又称紧茶（见彩图 3），主产于湘、鄂、川三省，黔、滇、桂省（区）有少量生产。全国边茶年产量 50 000～60 000 t，压制成紧压茶后，主销新疆、内蒙、甘肃等省区，是边区少数民族必不可少的饮料。

黑茶类中的紧压茶品种花色很多，包括茯砖（见彩图 4）、康砖、青砖（见彩图 5）、米砖、黑砖、沱茶、方包茶等数十种之多。其中，湖南主产茯砖、黑砖、花砖；湖北主产青砖；四川主产康砖、金尖。

紧压茶的原料较为粗老，所以在干燥前和干燥后都要进行渥堆。渥堆时间长达数月，其间叶温上升，茶多酚自动氧化，可去除粗青味，使茶叶香味转纯。

2. 紧压茶加工方法

压制前先将原茶蒸热，吸收水分，使原茶软化，再装入模框内压制定型，随后退去模框，进行烘干。一般需烘 10 天以上，使茶砖缓慢失水，如采取快速烘干，常会出现茶砖外干内湿、砖块龟裂等不合要求的情况。

紧压茶的外形随采用压制的模框形状而定。砖茶形似砖块；沱茶形似碗臼。紧茶以前形似蘑菇状，现改为小砖形。各种紧压茶均要求外形光洁，棱角分明，不龟裂、不起层落面，香味纯和，有陈香味，无青涩味，汤色棕褐，叶底黑褐。

2.2.2 主要紧压茶的品质

1. 砖块形茶

砖块形茶有黑砖、花砖、特制茯砖和普通茯砖四种产品。

审评砖形茶应注重外形平整，厚薄一致，四角边缘分明，包装文字清晰，计量达标；

内质要求有褐润的汤色，纯正的香气，醇厚不涩的滋味，深褐色的叶底。湖南黑茶的理化标准见表 2—2，成品尺寸与感官品质见表 2—3。每件单位净含量允许正差 1%，负差 0.5%；块重正差 2.5%，负差 1.25%，梗的长度，茯砖、黑砖不超过 3 cm。

表 2—2　　黑茶成品的理化标准

名称	净含量（kg）		理化标准≤(%)				卫生标准≤(mg/kg)			
	件	片	水分	灰分	含梗	杂质	六六六	DDT	铜	铅
特制茯砖	40	2	14	9.0	18.0	1.0	0.4	0.2	60	3
普通茯砖	40	2	14	9.0	20.0	1.0	0.4	0.2	60	3
黑砖茶	40	2	13	7.5	18.0	0.8	0.4	0.2	60	3
花砖茶	40	2	13	7.5	15.0	0.7	0.4	0.2	60	3
天尖茶	50		14.5		5.0	0.5	0.4	0.2	60	3
贡尖茶	45		14.5		5.0	0.6	0.4	0.2	60	3
生尖茶	40		14.5		15.0	1.0	0.4	0.2	60	3

表 2—3　　黑茶成品尺寸与感官品质

名称	规格		品质				
	形状	尺寸（cm^3）	色泽	汤色	香气	滋味	叶底
特制茯砖	长方块	35×18.5×5	黑褐	黄红	桂圆香	醇厚	黑褐
普通茯砖	长方块	35×18.5×5	黄褐	黄褐	桂圆香	尚醇厚	黑褐粗老
黑砖茶	长方块	35×18.5×5	黑褐	黄暗	纯正	尚醇厚	暗褐
花砖茶	长方块	35×18.5×5	暗褐	暗红	纯正	尚浓	暗褐
天尖茶	篓散装	58×35×50	暗褐	黄深	纯正	纯和	黄褐
贡尖茶	篓散装	58×35×50	暗褐	褐黄	纯正	纯和	暗褐
生尖茶	篓散装	58×35×50	暗褐	暗褐	足火香	纯和	黑粗老

2. 青砖茶

青砖茶由老青茶压制而成，产于湖北赵李桥茶厂。砖面上有凹形的“川”字，所以也称“川字砖”。青砖茶的原料“洒面”为一级青茶；“底面”为二级青茶；“里茶”为三级青茶。

老青茶的初制方法为：杀青后趁热进行揉捻，揉后渥堆、晒干。渥堆时间较长，以使茶坯转为猪肝色，渥堆时以青气基本消除为度。

青砖茶的感官品质为砖块平整，不起层落面，棱角分明，色泽青褐，汤色黄褐，香气纯正，不带粗老气，滋味纯和，叶底暗褐。

青砖茶的理化指标如下：

重量：2 kg　　　　　尺寸：长×宽×高=340 mm×170 mm×40 mm

水分：≤12%　　　　灰分：≤7.5%

茶梗：≤25%

非茶夹杂物：≤0.8%

卫生标准：与黑茶相同

3. 康砖茶

康砖茶是紧压茶的一种，属四川南路边茶，主销西藏、青海、四川甘孜藏族自治州等地，以下档绿茶和青毛茶为原料。

康砖茶的感官品质为圆角长方形，形似枕头，表面平整、紧实，洒面色泽棕褐，汤色红褐，香气纯正，滋味醇和，叶底暗褐。

康砖茶的理化指标如下：

重量：0.5 kg　　　　尺寸：长×宽×高=160 mm×90 mm×60 mm

水分：≤16%　　　　灰分：≤7.5%

茶梗：≤8%

非茶夹杂物：≤0.5%

卫生标准：与黑茶相同

4. 沱茶

沱茶是紧压茶的一种，产于云南和四川。云南下关茶厂生产的下关沱茶，以晒青毛茶为原料；普洱沱茶，以普洱茶为原料。重庆市重庆茶厂生产的山城沱茶和特级沱茶，以内销、边销为主，少量出口。

沱茶不分级，其感官品质为碗臼形、紧实、光滑。以晒青毛茶、绿茶为原料的沱茶，色泽墨绿，汤色黄深，香气纯正，滋味醇厚，叶底暗绿。普洱沱茶，色泽暗褐，汤色深褐，有陈香，滋味浓厚，叶底黑褐。

沱茶的理化指标如下：

重量：50 g、100 g、250 g

水分：≤9%　　　　灰分：≤7.0%

茶梗：≤3%

非茶夹杂物：≤0.2%

卫生标准：与黑茶相同

5. 米砖茶

米砖茶又称红砖茶，是紧压茶的一种，以红茶片末和工夫茶的轧细碎茶经蒸压而成。主要由湖北赵李桥茶厂生产（见彩图6），销往新疆，出口俄罗斯。每块重1.125 kg，其中含洒面和二面茶0.50 kg，里茶0.625 kg。每片尺寸为长×宽×高=237 mm×187 mm×60 mm。

米砖茶的感观品质为砖面平整，色泽黑润，汤色红褐，香气平和，滋味纯和，叶底细碎、暗褐。

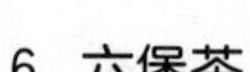

6. 六堡茶

六堡茶是黑茶中的一种。主产于广西苍梧县的六堡，横县、昭平、玉林等地也有生产。年产量超过 1 000 t，有出口也有内销。

六堡茶的感观品质为外形粗松，色泽暗褐，汤色红暗，有陈香，滋味醇厚，叶底粗老、深褐。毛茶分 1～6 级，商业上对样评茶。

7. 茯砖茶

茯砖茶分特制茯砖茶（简称“特茯”）与普通茯砖（简称“普茯”），前者的品质好于后者，主产于湖南益阳，主销于新疆、甘肃。整块砖茶为长方形，以三、四级黑毛茶为原料。

茯砖茶外形要求砖面平整，棱角分明，厚薄一致，发花普遍茂盛，砖面色泽，特茯为褐黑色，普茯为黄褐色。砖内无黑霉、白霉、青霉、红霉等杂菌；内质要求汤色橙黄、香气纯正，特茯滋味醇和，普茯滋味纯和，无涩味。

审评茯砖茶的品质优劣，主要看砖心内有否满布黄花，有者品质为上，少者为次，无者为劣，普带黑霉的为不合格产品。

2.2.3 紧压茶审评

1. 紧压茶审评方法

紧压茶审评方法不一，有的是称取 5 g 茶叶，在审评杯内冲泡 8～10 min 后审评，也有称取 4 g 茶叶在 200 mL 沸水中冲泡 5 min 后审评的。农业部茶叶质量检测中心对紧压茶一律使用“通用型感官审评方法”，所不同的是必须将紧压茶的茶块捻开后，再称样开汤审评。

2. 紧压茶的评分

以茯砖茶为例，茯砖茶的评分参考见表 2—4。

表 2—4 茯砖茶评分参考

项目	级别	品质特征	给分	权数
外形	甲	砖面平整，棱角分明，黄花遍及茂盛，色褐润，无黑、白霉	94±4	30%
	乙	砖面尚平整，色黄褐，砖芯，开花欠匀，有少量白霉	84±4	
	丙	砖形欠完整，色黄枯，黄花不盛，稍有黑霉	74±4	
汤色	甲	黄橙尚亮	94±4	10%
	乙	浅黄	84±4	
	丙	暗褐	74±4	
香气	甲	有桂圆香	94±4	20%
	乙	陈香	84±4	
	丙	粗老气	74±4	

续表

项目	级别	品质特征	给分	权数
滋味	甲	醇厚	94±4	25%
	乙	纯和	84±4	
	丙	粗薄	74±4	
叶底	甲	褐黑，尚匀	94±4	15%
	乙	褐黑，粗老	84±4	
	丙	暗黑，粗老多梗	74±4	

2.3 速溶茶、液体茶、工艺茶

2.3.1 速溶茶

1. 速溶茶加工

速溶茶又名可溶茶、结晶茶、茶精等，是由茶叶经深加工而成的由茶叶水可溶物质经浓缩、干燥制成的一种速溶型茶叶饮料。

早在20世纪40年代中期，英国饮料工业就首先试制了速溶茶，经历了40年的试制、开发生产，速溶茶已成为市场上重要的茶叶品类之一。美国是世界上速溶茶生产量和销售量最大的国家，另外，印度、斯里兰卡和肯尼亚等主要产茶国也生产速溶茶。

我国速溶茶研制工作起步于20世纪60年代，20世纪70年代在上海、湖南进行了批量生产，部分产品打入了国际茶叶市场。现在湖南、江西、江苏等省仍有为数不少的厂家在生产速溶茶及其系列产品（调味、保健速溶茶）。

2. 速溶茶品质鉴定

审评前必须将审评用具洗净、烘干。审评项目包括外形和内质两大项。外形包括形状、容重、色泽和干度四个方面。审评顺序是：取样→外形→称样→冲泡→速溶性→汤色→香气→滋味。

（1）取样。取具代表性的速溶茶10 g左右，放置在烘干的培养皿和表面皿内（小包装取一袋即可）。

（2）外形。速溶茶的外形形状因干燥方法而异。喷雾干燥产品大多呈粉末状；冷冻干燥产品多为不规则疏松的晶片状或经机械轧制成较规则的海绵体，呈空心颗粒。粒径在150 μm左右，粒面光泽度强的多为冷溶型速溶茶。粒径在50 μm左右，无光泽的多为热溶型速溶茶，热溶型速溶茶的速溶性差，冲泡时常有漂浮和沉淀出现。

审评时，先观其颗粒大小是否均匀以及其光泽程度如何，再用手捻，若一捻即碎，多为空心颗粒。否则，即为实心颗粒或粉末。

1）容重。速溶茶的容重是评定外形形状和速溶性的重要指标。容重小说明速溶茶颗粒间隙大，疏松，速溶性好；容重大，说明速溶茶为实心颗粒或呈粉末状，速溶性差。一般容重以每 100 mL 重 20 g 左右为佳。

容重测定方法是先将速溶茶装入 100 mL 的量筒内，装满至 100 mL 刻度后，再将速溶茶倒入感量为 0.1 g 的天平托盘内，最后称其质量即可。

2）色泽。速溶茶应以具有光泽的为佳。调味速溶茶应具有同茶叶相协调的色泽，如速溶红茶以有光泽色呈黄红或棕红的为佳，酱色发暗的为差；速溶绿茶以黄绿色的为佳，色泽暗黄或灰绿的为差；牛奶红茶以呈咖啡色或棕红色的为佳；柠檬绿茶以色泽呈金黄或黄绿的为上品等。

3）干度。干度是评定速溶性的重要指标之一，也是防止速溶茶陈化结块的重要条件。审评方法是用手捻茶，若一捻即碎为干度好。另外，也可用烘干法测定含水量。

（3）称样。用感量为 0.1 g 的天平称取有代表性的速溶茶一式两份，分别倒入 250 mL 或 300 mL 的透明玻璃杯内，观察其可溶性。

称样重量按评茶标准推算，3 g 茶叶沸水冲泡后，水溶物以 25%计算，在 150 mL 沸水中溶解物为 0.75 g。故审评速溶茶应称取 0.75 g。

（4）冲泡。将定量的冷开水（10℃左右）和沸水分别加入预先盛速溶茶的两只玻璃杯内，冲泡 3 min 后即进行相关指标的审评。

（5）速溶性。冲泡 3 min 后能在冷水中完全溶解或在冷、沸水中均能完全溶解的速溶茶，均属冷溶型速溶茶。3 min 以内在冷水中溶解不完全但在沸水中溶解完全的为热溶型速溶茶，这两类产品速溶性都很好。冲泡 3 min 后未完全溶解但经汤匙搅拌后能完全溶解的速溶茶，则其速溶性尚可。如果冲泡 3 min 后水面上有大量漂浮，并且杯底沉结有块状速溶茶的即为速溶性差。

（6）汤色。以清澈明亮，杯底无沉淀物的为佳，若汤色深暗、灰淡、混浊，杯底有沉淀物则为下级品。

（7）香气。若香气鲜爽且接近原茶应有香气的为上品，纯正无异味的尚可，若有严重熟闷气、且气味欠纯的则质量欠佳。调味速溶茶品类较多，如以果味或以中草药相调配的，则以有鲜洁的果香味和舒服的中草药味的为佳，有过浓的香精气和药气为差。

（8）滋味。以具有原茶应有的风味，且无熟汤味、无异味为佳。如速溶红茶以浓醇、醇和为佳，平和为次，欠纯、熟汤味重为差。速溶绿茶以浓爽、醇和为佳，平淡、熟汤味重为差。

3. 速溶茶感官审评评分方法及各品质因子权数

评分是一种用数字反映速溶茶品质的方法，使感官品质审评结果具有数字化，能更正确地反映出审评对象的品质水平。评分的正确性取决于品质因子的权数。权数是定量反应速溶茶各品质因子重要性的尺度，目前速溶茶及其系列产品一般常用的评分方法和各品质因子的权数见表 2—5。

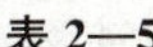

表 2—5　　速溶茶品质评分方法及各品质因子的权数

项目	纯速溶茶	调味速溶茶	给分	权数
外形	空心颗粒，晶片状，容重小，有光泽，干度好		94±4	15%
	实心颗粒，容重大，有光泽，干度好		84±4	
	粉末状，容重大，无光泽，分散性差		74±4	
汤色	具有原茶应有的液色，清澈明亮，无沉淀物	色泽协调柔和不分层，无沉淀物	94±4	15%
	具有原茶应有的液色，尚亮，无沉淀物	色泽协调，不分层，稍有沉淀物	84±4	
	深暗混浊，有沉淀物或漂浮	色泽不协调，分层，有沉淀物	74±4	
香气	接近原茶香气	鲜爽、有果香或中草药香	94±4	20%
	纯正	纯正	84±4	
	熟闷气重，欠纯	香精气、药气过重	74±4	
滋味	浓醇尚爽	鲜爽可口	94±4	30%
	醇和纯正	尚可口	84±4	
	欠纯，熟汤味重	欠纯，异味重	74±4	
溶解情况	在冷、热水中能快速溶解		94±4	20%
	经搅拌后能在热水中完全溶解		84±4	
	速溶性差，水面有漂浮物，杯底有沉淀物		74±4	

注：带有机溶剂气味的速溶茶为残次品。

2.3.2　液体茶

1. 液体茶包装种类

目前上市的商品液体茶，主要有 5 种包装形式。

（1）二片罐。即易拉罐，为充气的铝质罐，包装美观，罐内充氮气，茶汁防腐保质期较长，是目前液体茶包装中最好的一种，但包装成本较高。

（2）三片罐。由内壁涂塑的两片铁片和一片铝片制成。这种罐往往由于制罐过程接口处易受机械损伤，使涂塑层被损坏，这样铁片裸露部位与茶汁接触，发生化学作用，会产生黑褐色的多酚铁盐，使茶汤变黑，成为“黑汤”。如内壁涂塑层完好无损，其保质性能与二片罐相同。

（3）纸盒包装。又称“利乐包”，由喷塑纸板、铝箔层、聚乙烯膜叠层复合而成。其优点是不含铁离子，与茶汁不会起化学作用，但不能充氮气，保质期比二片罐短。纸盒包装可用于甜味液体茶包装，如用于纯液体茶包装，因聚乙烯膜有蜡烛油的气味，易污染茶汤。利乐包的设备投资大，但包装材料成本比金属罐低。

（4）强化聚乙烯罐。制罐时在聚乙烯中加入钛白粉，使罐壁不透明，有一定强度。制这种罐的设备投资小，易普及，但茶汤保质期短，又易污染上异味。所以，装纯液体茶效果较差，装甜味茶尚可。

（5）透明聚丙烯瓶和耐高温 PET。常用于装矿泉水，也有用于装液体茶的。因它是透明的，茶汤受光线影响，容易变味，同时瓶口不易密封，易受杂菌感染，产生絮状沉淀。为了提高这种包装的保质期，常在茶汤中加入山梨酸钾或苯甲酸钠做防腐剂。

以上5种液体茶的包装产品，在其包装上的显眼部位都必须标明茶叶名称、配料、企业标准代号、容量、生产日期、保质期、生产厂家及厂址，缺其中任何一项，都应评定为不合格产品。

2. 液体茶审评

在现有的专业评茶资料中，对液体茶尚未提出系统的审评方法，故判断品质的尺度不一，不利于获得一致的审评结论。为了正确评定液体茶的品质，审评项目分为包装、汤色、香气和滋味四项，删去了常规茶叶审评中外形、叶底两项，增添了包装项目（包括包装方式、用材、图案设计、防腐性能等内容），对茶汤出现的沉淀、变色、变质等质量问题，则归入汤色项目。

（1）汤色。审评液体茶时，如气温低于16℃，便会出现“冷后浑”的现象。所以，在低温时应将茶罐置于热水中加温，使茶汤升温至25～30℃，然后审评，这样较有利于正确观察汤色与品评滋味。

液体茶从出厂到消费者手中，其中间的货架期有两三个月甚至半年，如果质量不过关，在存放过程中就会变质。因此，对液体茶的审评，必须强调的一点是产品自生产日期至审评日期的间隔时间，一般不得少于30天，不可“现装现评”，否则反映不出货架期的真实质量情况，易做出错误结论。

正常液体茶的汤色，红茶尚红亮，乌龙茶尚橙黄，绿茶尚黄亮，且都不应有沉淀物，甜味茶应具有汤质均匀，不结块，不分层，无铁质发黑的异常现象。

（2）香气。液体茶在加工过程中，尤其通过浸提、灭菌等工序，其茶香大多已挥发，香气远逊于杯泡的原茶。茶汤在25～30℃的条件下，审评液体乌龙茶带有足火香，红茶透甜香，绿茶呈火功香，甜味茶带糖香或花果香，都属于正常产品。但所有的液体茶若带有严重的钝熟气或不愉快的不良气味，均属于低次产品。

（3）滋味。总的来说，目前上市的液体茶，其滋味都比杯泡的原茶差，主要是鲜爽度不足。审评中具有明显原茶（如乌龙茶、红茶、绿茶、花茶等）滋味的，属于品质正常或评为“甲级”的产品。制作技术质量差的液体茶，除了呈明显的熟汤味外，其原茶的滋味风格几乎丧失殆尽，判定不出它是用什么茶类加工的。

所谓“熟汤味”，是指有类似蒸过馒头的水冲泡出的茶味。对液体茶来说，要克服这种不良的气味，较为有效的方法有两种：一是选用的茶叶原料不可过嫩；二是将原料茶在浸提之前作适当烘炒，使其产生足火味。

在现有的甜味液体茶中，很少有茶味和甜味都很协调的产品，所以，在审评中不一定强调此茶必须突出茶味，只要是甜酸适度，口感良好，滋味鲜纯即可。

3. 液体茶评分方法与各品质因子权数

对液体茶评分与评语应当同时使用，特别是在评比时更应如此。表2—6提出了具体的评分方法。

表 2—6　液体茶品质评分方法及各品质因子权数

项目	级别	纯液体茶	甜味液体茶	评分	权数
包装	甲	铝质易拉罐，涂塑完整的铁质易拉罐		94±4	20%
	乙	耐高温 PET	利乐包	84±4	
	丙	强化聚乙烯罐		74±4	
	丁	涂层不完整的铁质易拉罐，透明聚丙烯瓶		60±4	
香气	甲	明亮	色润，不沉淀	94±4	20%
	乙	尚明亮	不分层	84±4	
	丙	欠明亮	静止分层	74±4	
	丁	暗褐、沉淀	异常，沉淀	60±4	
汤色	甲	纯正	纯正，协调	94±4	25%
	乙	尚纯正	纯正尚协调	84±4	
	丙	熟闷气	欠纯正	74±4	
	丁	异气	不良异气	60±4	
滋味	甲	醇正	甜酸适度，口感好	94±4	35%
	乙	尚醇正	尚可口	84±4	
	丙	熟闷味	太甜（淡）、过酸	74±4	
	丁	异味	异味	60±4	

2.3.3　工艺茶

1　工艺茶概况

以精选的高级茶叶芽叶为原料，进行工艺性加工制成的茶叶为工艺茶。它又分工艺绿茶和工艺花茶。

安徽省黄山芳生茶叶有限公司最早研制的“黄山绿牡丹”是我国最早的工艺绿茶品种，也是最早的工艺茶品种，它是用安徽产的绿茶“黄山毛峰”中开叶较大的叶片做成的，这些叶片通过丝线捆在一起做成扁平的花朵形状，加入热水后，茶叶在水中舒展开来，就像牡丹的样子。

工艺花茶是茶中有花，花、茶相映，既能品尝，又能观赏，且有养颜功效。

由福建福安福特茶叶有限公司研制的“芙蓉仙桃”是我国最早的工艺花茶。该公司经过十多年来的不断研发，到如今市场中注册的品种已有“丹桂飘香”和“仙女散花”“玫瑰仙子”“一见钟情”“仙女散花”等 20 余个，又创造出了蜚声国内外的“六杯茶”品牌。

安徽省的康艺名茶，又名工艺茶、细工茶、手工茶、花型茶、奇特茶、观赏茶。其中的“芳生绿牡丹”（见彩图 7）等多种创新工艺茶已畅销国内外。它具有无污染的天然品质，并且外形巧夺天工，造型各异，是集饮用、保健、观赏、美容为一体的绿色食品。

2. 工艺茶的制作工艺

下面以康艺名茶中的“锦上添花”（见彩图 8）为例介绍工艺茶的制作工艺。康艺名茶的工艺流程为：采制→摊青→杀青→扳叶→揉捻→头烘→理条→设计→造型美化→定型烘培→摊凉→足干储藏。

（1）采制。采制是指选采茶芽和花、果、中药原料。制作康艺名茶必须要高起点，严格以高山生态有机茶园的深绿大叶良种茶和优质中药材为原料，专选无病虫害、壮实的花、果、中药以及连嫩梗全长 3.5～4.5 cm 的一芽一、二叶高级茶叶鲜叶。

（2）摊青。采回芽叶需及时地薄摊在洁净的竹帘上，并放在阴凉通风处，以挥发部分水分，促进芽叶内含物的转优，散发青草气，并增加香气。鲜叶减重 20%左右即可停止摊青。对采回的茶叶进行摊青有利于杀青工艺的进行，同时避免红梗、红蒂、红芽现象的发生。摊青时间按鲜叶的含水量，看不同的气候与通风程度，灵活掌握，若晴天的下午采制一般可不摊青。

（3）杀青。要求锅温为 150～180℃，用磨光洗净的锅进行炒制，投叶量为 250 g。在炒的手势上要视操作者的技术熟练程度灵活掌握，一般要求做到 5 句话 25 个字：一要炒得勤；二要捞得净；三要带得轻；四要扬得高；五要抖得开。当叶色转暗绿，叶质柔软，嫩茎折不断，并有茶香逸出即可停止杀青，要求杀青后的茶叶无红梗、红蒂、红心，无焦边、焦点。

（4）扳叶。是指将杀青的叶片扳至一芽带一嫩片的状态并摘除马蹄（茶蒂）。

（5）揉捻。将扳过的芽叶用手轻揉，揉至有茶汁溢出即可。

（6）头烘。烘茶的烘笼一般以竹丝制成的为佳，铁、铝制成的为次，以木炭或电烘，温度在 100℃左右，要求勤、轻、快、净匀，烘至全部芽叶均受热即可下烘。

（7）理条。理条要趁热理，手势要轻，双手十指密切合作，将每个茶的芽叶理直，然后捻搓成条。

（8）设计。将茶叶成品设计成人们喜爱的各种吉祥物，珍稀动、植物或珍宝等形状，并画出图案，以方便对照造型。

（9）造型美化

1）先准备好无毒线、剪刀、造型筒、扳芽板、压茶板等工具。

2）将经过理条的大小长短匀齐的茶芽 100 根左右（视不同品种决定芽条数量），理顺放齐在造型筒上，用无毒线在离茶蒂 1 cm 左右处将茶芽捆在一起，再用扳芽板扳开茶芽，加工成扁平圆形的芽叶花瓣和茶蒂花托，然后再用压茶板轻压，直到整理成干扁的花朵型为止。

3）制作“锦上添花”。在制成的扁圆形花朵上再加三朵药用价值高、造型美观的贡菊花，按 1.5 cm 一朵的距离用无毒线固定缝在茶芽花瓣的正中。

（10）定型烘焙。先将造型美化后的“锦上添花”轻移上特制的直径 7 cm 的圆圈内，然后再加上烘盖扣紧，将“锦上添花”紧夹在专用烘中烘焙（一直可烘至足干下烘，中途不需收茶）。温度控制在 90～110℃，先烘茶蒂，再烘芽叶面，每次连烘带茶一起翻，烘到八成干时下烘。

（11）摊凉。定型烘焙的茶不需另外下烘，可连茶带烘一起拿到阴凉通风处摊凉 3～5 h，摊凉的目的是让集中在梗结处的水分充分吸到叶芽中，以使成品水分均匀，这样再复烘容易足干。

（12）足干储藏。经过摊凉后，连烘带茶上烘，先烘茶蒂部，火温要先高后低，可逐步降到80℃、70℃、60℃、50℃，要耐心地翻烘，待烘至茶蒂内部有一定的硬度，疏松梗一折即断，芽叶一捻即成粉末时即可下烘。

茶烘足干后要趁热装进专用箱，箱盖可待茶全部散热后再盖，要求密封储藏。

3. 工艺茶的质量标准要求

下面以康艺名茶中的“锦上添花”和“海贝吐珠”（见彩图 9）为例介绍工艺茶的质量标准要求。

工艺茶从茶芽采摘到制作再到验收、保管、包装、运输的各个环节都要严把质量关。经化验，无农药残留，符合国家规定的卫生标准，才可上市。具体质量要求是色墨绿、毫显、香高、汤清、味甜、形美、无红梗红蒂、无焦边焦点，除茶芽叶、贡菊、绿梅花味外，无其他异味、异物、黏合剂、沉淀物，花蒂花瓣排列匀齐。“锦上添花”的外形要求如绿色小草帽，花朵直径在 5.5 cm 左右；“海贝吐珠”的外形要求如绿海贝，长5 cm，高 3 cm（从茶芽的峰苗算起），两种工艺茶均要求每朵 5 g，内外足干。冲泡后，要求“锦上添花”名茶从花正中分三层跳出三朵贡菊悬立杯中，悬立时间不少于 20 min，每朵贡菊距离为 1.5 cm 左右，从茶蒂至上顶第一朵花为 8 cm。“海贝吐珠”冲泡后，要求从“海贝”中现出十朵梅花围着一朵贡菊成半圆形悬在杯中央，贡菊、梅花均要求按配方标准选用。有红梗红蒂、焦边焦点，花瓣花蒂排列不匀不圆，蒂过长或过短，芽叶、峰苗断碎、松散、有黏合剂，以及茶内含有碎茶片、茶梗、茶蒂、茶末或单芽、单叶、一梗一叶无芽头者均属次品，另外香气不足，有异味，味淡不浓，汤色暗而不清澈的也属次品。

职业技能鉴定要点

行为领域	鉴定范围	鉴定点	重要程度
理论准备	花茶	花茶概念	★
		茉莉花茶加工工序	★★
		珠兰花茶加工工序	★★
		白兰花茶加工工序	★
		玫瑰花茶加工工序	★
		玳玳花茶与桂花茶加工工序	★
	紧压茶	紧压茶概况	★★
		主要紧压茶品质情况	★★
		紧压茶审评	★★
	速溶茶	速溶茶加工	★★
		速溶茶审评	★★

续表

行为领域	鉴定范围	鉴定点	重要程度
理论准备	液体茶	液体茶种类	★
		液体茶审评	★★
	工艺茶	工艺茶概况	★
		工艺茶加工工艺	★★
技能训练	茉莉花茶	各级品质要求	★★
	珠兰花茶	品质要求	★★
	白兰花茶	品质要求	★★
	玫瑰花茶	品质要求	★★
	玳玳花茶、桂花茶	品质要求	★★
	紧压茶审评	老青茶品质	★
		康砖茶品质	★
		沱茶品质	★★
		米砖茶品质	★★
		六堡茶品质	★
		茯砖茶品质	★★
	速溶茶	速溶茶品质	★★
	液体茶	液体茶品质	★★
	工艺茶	工艺茶品质	★★

单元测试题

一、判断题（下列判断正确的请打“√”，错误的打“×”）

1. 审评茉莉花茶时，需剔除残留在茶叶中的花渣。 （ ）
2. 珠兰花茶在窨制中下花量是每 100 kg 茶坯配 5～7 kg 鲜花。 （ ）
3. 紧压茶的外形随采用的压制模型框而定。 （ ）
4. 产于湖北赵李桥茶厂的是花砖茶。 （ ）
5. 速溶茶的外形审评包括容重、色泽和干度。 （ ）

二、单项选择题（下列每题的选项中，只有 1 个是正确的，请将其代号填在横线空白处）

1. 窨制珠兰花茶要求________复火。
   A. 去花　　B. 带花　　C. 去花干
2. 若玫瑰花茶的汤色红亮，甜香浓郁，香气芬芳则是红茶中的________。
   A. 佳品　　B. 中档品　　C. 较好品

3. 花砖在历史上也叫“花卷”，它的产地是________。

A. 湖南安化　　B. 云南思茅　　C. 湖北赵家桥

4. 竹筒茶属________类紧压茶。

A. 红茶　　B. 绿茶　　C. 花茶

5. 工艺茶的评审需要通过________。

A. 外形、香气、汤色　　B. 外形、叶底　　C. 滋味、叶底

三、填空题（请将正确答案填在横线空白处）

1. 白兰花茶主要产地为________、成都等地。
2. 湖北咸宁地区产________茶。
3. 四川雅安产________茶。
4. 普洱方茶产于________。
5. 液体茶的审评分包装、汤色、________ 4 项。

四、简答题

1. 茉莉花茶按产地分有哪些？
2. 如何审评茯砖茶的品质优劣？
3. 黑茶类中紧压茶有哪些？
4. 液体茶包括哪些类型？

单元测试题答案

一、判断题

1. √　2. √　3. √　4. ×　5. √

二、单项选择题

1. B　2. A　3. A　4. B　5. A

三、填空题

1. 福州、广州　2. 青砖　3. 康砖　4. 云南　5. 香气、滋味

四、简答题

1. 答：茉莉花茶按产地分有广西横县茉莉花茶、福州茉莉花茶、四川文君茉莉花茶、凌云茉莉花茶。

2. 答：看砖心内是否布满黄花，有者品质为上，少者为次，无者为劣，普带黑霉的为不合格产品。

3. 答：黑砖、花砖、茯砖、青砖、康砖、金尖、湘尖、六堡茶、七子饼茶、普洱沱茶等。

4. 答：液体乌龙茶、液体红茶、液体绿茶、液体花茶和带甜味的液体茶等。

第3单元

名优茶品鉴

引导语

中国茶叶历史悠久，茶叶品种丰富，各种名优茶更是名目繁多。《中国名茶志》订立了6条选列名茶品目的标准：①历史传统名茶，有悠久的产销历史，其品质曾获古今知茶者的高度评价，盛名、优质久已传闻于世，并见于记载；②在同类茶中，色、香、味、形突出，群茶评比，显得特征特性优异，早为知茶者和消费者所公认，并见于记载；③已经在出口或内销商品茶中列为名牌品目，具有较高的经济价值；④产区自然条件和茶树品种优越，其茶具有独特的品质风格，并为世所知名；⑤有特殊的香味，为部分消费者所偏爱，且为其他茶叶所不能代替的；⑥有独特的外观造型，可视作艺术品，虽香味并不突出，但以形美取胜。一般来说，名优茶都生长在独特的生态环境之下，以优良的茶树品种，经过精湛的采制加工技术而形成，具有一定的市场美誉度。在本单元中选择了十种在市场上较受消费者青睐的名优茶作为重点品鉴内容，作为茶叶审评师（高级）必须掌握的知识内容，通过本单元的学习，可以让学员对十种名优茶的产地特征、品质要求以及采制工艺、品质特点有较全面的了解，能够独立地进行品质审评和鉴定。

学习要点

熟悉

十种名优茶的产地特征、茶树品种要求、采制加工工艺及品质特点

掌握

十种名优茶的加工工艺与其品质特点的关系

熟练掌握

十种名优茶的品质特点及其审评方法

3.1 西湖龙井

3.1.1 西湖龙井的产地特征

西湖龙井为历史名茶，始创于明代以前，产于杭州市西湖区，有“狮、龙、云、虎、梅”之分。

1. 地理位置

西湖龙井茶区地处浙西丘陵山区杭、嘉、湖平原沉降的过渡地带，东濒西湖，南临钱塘江。地跨北纬 30°04′～30°20′，东经 119°59′～120°09′。

2. 气候特征

龙井茶区受西湖和钱塘江的水气调节以及东南季风的影响，气候温暖湿润，多雾，属北亚热带南缘季风型气候，朝暮云雾缭绕，非常利于茶树的生长。

3. 土壤特征

产区茶园的土壤主要有黄泥土、白砂土、黄筋泥土与油红泥土 4 种。其中黄泥土占60%左右，遍布低山丘陵，它由粉砂岩、粉砂质泥岩和千里岗砂岩等多种岩石风化而成，土壤通透性良好。白砂土面积约占 20%，分布于山地上部及随坡面上，优质的龙井茶大多产于此。据研究，狮峰山的成土母岩主要在泥盆系地层上部，属“西湖石英岩”的残、坡积物，质地为沙壤土，土壤通气透水性好，有机质、磷、硼、锰等含量适宜，特别是岩石、土壤和茶树均具有高钾或适量钾与低钙的特征，这与狮峰龙井茶的优良品质有密切的关系。另外，茶区的土壤还有黄筋泥土和油红泥土两种，均属红壤亚类。黄筋泥土是经红壤风化作用后形成的土壤，土层较厚，质地多为重壤至轻黏。油红泥土发育于石灰岩、泥质灰岩及食钙质泥岩等，土层厚薄不一，呈零星分布状态。

3.1.2 西湖龙井的茶树品种

西湖龙井的茶树品种主要有传统的龙井群体品种，以及 1949 年以后新选育推广的龙井 43、龙井长叶等。

1. 龙井 43

龙井 43 为典型的灌木型，中叶类，早芽种。育芽能力极强，发芽早而整齐，开采期比群体品种早 7～10 天，产量高，特别适于采制高档龙井茶。每公顷可采制高档龙井茶 300～375 kg，颇受当地茶农的欢迎。

2. 龙井群体品种

为有性繁殖系品种，植株矮小，属灌木型中小叶种类，具有分枝密，育芽强，节间短，芽叶小，萌芽轮次多，耐采，长势旺，产量较高，品质较好等特点，但群体品种比较混杂，有长叶种、荷叶种、瓜子种等，其中瓜子种属低劣品种，已被淘汰。

3.1.3　西湖龙井的采制技术

1. 采摘

（1）采摘标准。春茶一般按一芽一叶的标准采摘，特级茶为一芽一叶或一芽一、二叶（初展叶），且芽长于叶，芽叶间夹角小，长度为2～2.8 cm。1～2级为一芽二、三叶（初展叶），茶叶长度基本相等，长度为2.5～3.5 cm。3～4级为一芽二、三叶（三叶初展），叶长于芽，长度为3～3.9 cm。5～6级为一芽二、三叶（有部分嫩的对夹叶），长度为3.9～5 cm。

（2）采摘时间。春茶一般在3月下旬开采，至立夏前结束；夏茶一般自立夏开始采摘，至6月中旬结束；秋茶一般从6月下旬开采，至10月上旬结束，全年采摘期为190～200天。根据茶树生长具有顶端优势和早采早发的特点，龙井茶区推行分批多次早采、嫩采技术，春茶一般采14～16批次，全年采40～50批次。

（3）采摘方式。龙井茶区推行提手采茶，即手心向下用大拇指和食指夹住鱼叶上的嫩茎，轻轻向上一提。采茶的顺序是从下采到上，从内采到外，不漏采，不养大，不采小。

2. 加工工艺

（1）摊放。场地要求阴凉、洁净、通风。鲜叶要求薄摊，厚度为3 cm左右，中、下级可稍厚，经8～10 h摊放后，叶子以减重15%～20%、含水量达到70%为宜。摊放的目的是为了散发青草气，增进茶香，减少苦涩味，增加氨基酸的含量，提高鲜爽度，同时，通过摊放还可以使炒制的龙井茶外形光洁，色泽翠绿，不结团块，从而提高茶叶的品质。

（2）青锅。是杀青和初步造型的过程。锅温升到80～100℃，涂抹专用油在锅面，然后投入100 g左右的鲜叶，开始以抓、抖方式为主，散发一定的水分后，改用搭、压、抖、甩等手法进行初步造型，压力由轻而重，使茶叶理直成条，压扁成型。炒至七八成干时即可起锅，历时12～15 min。起锅后进行薄摊回潮，摊凉后再筛分，然后将筛底筛面茶分别进行辉锅，摊凉回潮时间为4～6 min。

（3）辉锅。辉锅的目的是进一步整形和炒干。通常是三四锅青锅叶并一锅辉，投叶量约150 g。主要采用抓、扣、磨、压、推的手法。要领是手不离茶，茶不离锅。炒至茸毛头脱落，叶面扁平光滑，茶香透出，折之即断，含水量达5%～6%时即可起锅，摊凉后簸去黄片，筛去茶末即可。

3.1.4　西湖龙井的鉴别

1. 西湖龙井的品质特点

西湖龙井形似碗钉，扁平光滑，尖削挺秀，大小匀齐，芽毫隐藏，色泽翠绿或带糙米色，汤色碧绿明亮，香气鲜嫩高长，滋味甘鲜醇和，素以“色绿、香郁、味甘、形美”四绝而著称。其中狮峰龙井香气高锐而持久，滋味鲜醇，外形色泽略黄，俗称“糙米色”。梅坞龙井外形挺秀、扁平光滑，色泽翠绿。

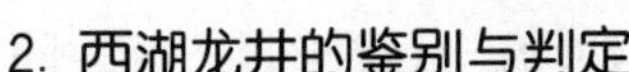

2. 西湖龙井的鉴别与判定

（1）高、低档龙井茶的品质区别。高档龙井茶外形扁平光滑，挺秀尖削，无碎茶，长短大小整齐一致，毫芽显露，无黄片和梗，色泽翠绿光润，无论干嗅和冲泡后，均有幽雅的清香，滋味甘醇爽口。上等的龙井茶（三级以上）幼嫩，芽叶成朵，汤色清澈明亮。

低档龙井茶外形有褶皱，有黄片和梗茶，不平伏，碎茶较多，不整齐，色泽暗绿，无光泽，干茶香气平淡。冲泡后，茶汤较苦涩，汤色深黄，叶底多单张，叶色较暗。

（2）西湖龙井茶与其他龙井茶的区别。现在市面上有一种说法，叫“扁平皆龙井”，指的是不分地域，凡是扁形茶，不论香气、滋味、汤色都称为龙井茶。其实不然，西湖龙井茶原产地域有严格的划分，其栽培技术和加工工艺也有严格的规范，感官品质更是有严格的要求。具体来说，西湖龙井茶与其他龙井可以从以下几方面加以区别：

1）地域不同。西湖龙井茶基地在地域上有明显的界定，主要在西湖区东起虎跑、茅家埠，西至杨府庙、龙门坎、何家村，南起社井、浮山，北至老东岳、金鱼井，约168 km^2 范围内。龙井产区属典型的亚热带季风气候，四季分明，气候温和，雨量充沛，空气湿润。其土壤、植被、热量、光照、水量等自然条件优越，是其他茶类所不能比拟的。

2）形状不同。西湖龙井茶的形状独特，是通过十大基本炒制手法造型而成，外形扁平光滑，挺直尖削，整齐和谐，以“形美”给人以赏心悦目的感觉。其他龙井茶的形状，无论从扁平光滑程度，还是匀齐程度都不及西湖龙井茶。有些仿冒龙井茶不具有嫩绿的色泽，有些还带有白毫，完全失去了西湖龙井茶的风格。

3）色泽不同。西湖龙井茶的色泽总体上嫩绿鲜润，但各区域的茶叶各具特征。如狮峰龙井，绿中透黄，呈“糙米色”（也可称为“宝光色”），为西湖龙井茶中的极品。而梅坞龙井则呈翠绿色，一般来说，西湖龙井的色泽构成因子，除了有大宗茶都具有的叶绿素及类黄酮类天然色素外，还有不少加工过程中转化的色素物质，这些都与茶树的生长环境及加工工艺有密切的关系。

4）香气滋味不同。西湖龙井茶的香气清香鲜爽，幽而不俗，沁人心脾，滋味鲜醇甘爽，无涩苦感，饮后满口留韵。仿龙井茶口感没有甘甜鲜爽的滋味，较浓或涩，有的还有粗青味，香气也较平淡。

（3）新、陈龙井茶的区别。陈龙井茶的色泽为褐色，香气成分多已挥发，失去了令人愉快的“新茶香”。这是因为茶叶受温度、湿度、氧气、光线、时间的影响，水分增加，滋味物质（茶多酚）因氧化而减少，香味变淡了；同时叶绿素分解导致色泽变褐。要缓解陈化或加长陈化过程，可将茶叶抽氧、密封、低温、避光存放。

在市场上，新茶陈茶的概念是相对的，一般来说，当4月新龙井出产后，上年的龙井茶就称为陈茶。

（4）包装标志鉴别。按食品标志通用标准的规定，茶叶包装上必须标明茶叶名称、净含量、制造者名称和地址、生产分装日期、保质期、产品标准号和质量等级。由于龙井茶是原产地域产品，受我国《原产地域产品保护规定》的保护，因此，还必须在包装上标贴

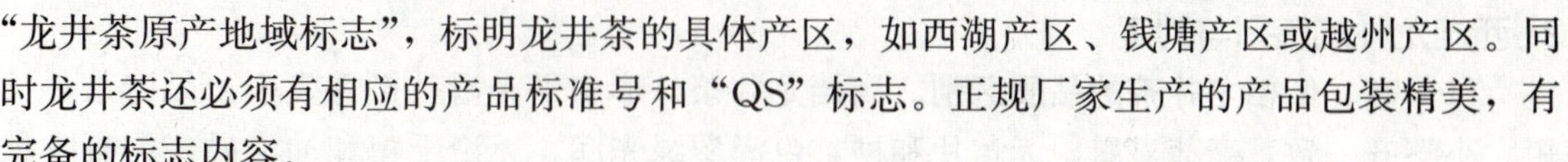

“龙井茶原产地域标志”，标明龙井茶的具体产区，如西湖产区、钱塘产区或越州产区。同时龙井茶还必须有相应的产品标准号和“QS”标志。正规厂家生产的产品包装精美，有完备的标志内容。

3.1.5 西湖龙井的审评方法

1. 外形审评

（1）形状。西湖龙井茶外形要求扁平光滑、挺直。如加工工艺掌握不当，容易造成以下品质情况：

1）宽松。形状不紧，边缘不光削。

2）直狭长。不扁平，条形过于细紧。

3）弯曲。不平滑挺直。

4）浑条。扁茶浑圆，不扁似棍而圆。

（2）色泽。西湖龙井茶按其“狮、龙、云、虎、梅”的不同产地有不同的特色。如加工工艺掌握不当，容易造成以下品质情况：

1）墨绿或暗绿。不像梅坞龙井那样翠绿，缺乏光泽和鲜活感。

2）枯黄或死黄。不像狮峰龙井那样嫩绿有新鲜感的“糙米黄”，而是靠火功逼出来的枯黄色或死黄色。

2. 内质审评

西湖龙井的内质审评方法见表3—1。

表3—1　　西湖龙井的内质审评方法

内质特点		加工工艺不当会形成的缺点
香气	鲜嫩馥郁	低闷、高火、烟焦、青气
滋味	甘醇爽口	欠鲜爽、水闷味、苦涩味
汤色	碧绿清澈	色泽偏黄、混浊不清澈
叶底	嫩绿，嫩匀成朵	不成朵、叶底偏黄、欠明亮，有青张、红茎红蒂

3.2 碧螺春茶

3.2.1 碧螺春茶的产地特征

1. 地理位置

碧螺春茶产于江苏苏州吴县市西南的太湖洞庭山，地理位置为北纬31°04′，东经120°26′。洞庭山包括洞庭东山（东山镇）和洞庭西山，东山约有大小山坞72个，西山更多，这些山坞都是碧螺春茶的主要产地。

2. 气候特征

洞庭山位于北亚热带湿润季风气候区，加上太湖水体的调节，温暖湿润，多雨，季风明显，四季分明，冬夏季长，春秋季短。无霜期年平均达 233 天，光照充足，降水充沛，有利于茶树生长。

3. 土壤特征

洞庭山的土壤是在生物气候等成土条件的影响下，由山丘岩石风化残积物发育的土壤，为地带性的自然黄棕壤，土壤有机质及磷含量较丰富。

3.2.2 碧螺春茶的茶树品种

碧螺春茶的茶树品种主要为东、西山群体种，小叶型，嫩梢较长，重量较轻。

1. 形态特征

灌木，树姿半披展，分枝密度中等，新梢节间较短。叶片着生角度水平，叶色绿，叶面稍隆起，叶缘平，叶肉稍厚，叶质硬脆度中等。叶形椭圆，叶尖渐尖，花冠大小中等。

2. 经济性状

嫩梢绿色或浅绿色，芽毫一般。一芽三叶平均长 6.02 cm，平均重 0.33 g。以一芽二叶为主体的现采茶叶，平均百芽重为 11.8 g，一芽一叶开展期比福鼎大白茶要早半个月以上。

3. 生化成分

以一芽二叶为主的鲜叶，经生化测定，其氨基酸含量为 3.03%，儿茶素含量为 15.87%，咖啡碱含量为 3.49%，茶多酚含量为 40.43%。

3.2.3 碧螺春茶的采制技术

1. 采摘

（1）采摘时间。清明前开始至谷雨结束。

（2）采摘标准。一芽一叶初展，一级鲜叶全长 1.6～2.5 cm。

（3）采摘要求。分批勤采。关键在于抓好头批茶的采摘，只要有部分茶树的芽叶达到标准就可以开采，并且要采清、采净，这是提高碧螺春的品质，多产高档碧螺春的关键。反对采单芽，因为采单芽不仅影响产量，而且制成的碧螺春形差、香低、味淡。

2. 加工工艺

（1）拣剔。拣剔标准为芽叶长短大小整齐，均匀一致。采摘的鲜叶要剔除鱼叶、老叶和不标准的芽叶，并将拣好的芽叶薄摊在阴凉处。拣剔的过程，实际上就是一个轻萎凋的过程，有利于茶叶香气的形成。

（2）杀青

1）投叶量。250 g 鲜叶。

2）锅温。150～180℃，高档的茶叶温度可稍低，低档的则稍高。

3）杀青时间。3～4 min。

4）程度。略失光泽，手感柔软，稍有黏性，开始散发清香，失重约两成。

5）手法。双手或单手反复旋转抖炒，动作要轻快。

6）要点。先抛后闷，抛闷结合，杀透杀匀。青叶于锅心发白时投入，先抛以散发水分，挥发青草气，使茶叶清香，后闷的目的是使杀青均匀，闷抛结合，后期主要以闷为主，可以使茶叶清香持久，叶底柔匀，色泽嫩绿。

（3）热揉成形

1）锅温。65～75℃。

2）时间。10～15 min。

3）程度。揉叶成条，不粘手而叶质尚软，失重约五成半。

4）手法。双手或单手按住杀青叶，沿锅壁顺一个方向盘旋，使叶在手掌和锅壁内进行旋转，同时要边揉边从手掌边散落揉叶，以避免揉叶成团，开始时旋三四转即抖散一次，以后逐渐增加旋转次数，减少抖散次数，基本形成卷曲紧结的条索。

5）要点。加温热揉，边揉边抖。加温热揉是因加温后叶质柔软，果胶质黏性较大，易揉紧成条，但缺点是容易闷黄，使揉叶产生闷热气。故需要边揉边解块，以散发叶内水分。先轻揉 4～5 min，因为若开始就用力过重，则容易使茶叶粘在锅上，形成锅巴，妨碍操作，又易使芽尖断碎，影响品质，以后要重揉 6～8 min，否则茶叶条索会不够紧，茸毛不显露。另外，在揉捻的时候会有茶汁流出，粘在锅壁上形成锅垢，所以在揉叶起锅后，要洗掉锅垢，以免产生焦火气。

（4）搓团显毫

1）锅温。55～60℃。

2）时间。12～15 min。

3）程度。芽毫显毫，条索卷曲，失重七成。

4）手法。一臂撑着锅台，将揉叶置于两手掌中搓团，顺一个方向搓，每搓 4～5 转解块一次，要轮番清底，边搓团，边解块，边干燥。

5）要点。锅温依次为“低—高—低”。搓团初期火温要低，如温度过高则水分散发多，干燥快，条索松。中期茸毛初显时要提高温度，促使茸毛充分显露。后期要降温，否则容易造成茸毛被烧，色泽泛黄。用力同样要“轻—重—轻”。开始水分尚多，用力过大易黏结成团块，故需轻搓。中期在揉叶韧性大时需要用力搓，以达到毫毛显露的效果。后期随水分减少宜轻揉，如用力过大，易断碎脱毫。

（5）文火干燥

1）锅温。50～55℃。

2）时间。6～7 min。

3）程度。茶叶有刺手感觉，成茶含水量为 6%～7%。

4）手法。将搓团后的茶叶，用手微微翻动或轻团几次，感到刺手时，将茶叶均匀摊

于洁净的纸上，放到锅里再烘一下即可起锅。

3.2.4 碧螺春茶的品质鉴别

1. 品质特点

条索纤细，茸毛披露，卷曲呈螺；银绿隐翠，白毫显露；清香久雅，鲜爽生津，回味绵长，鲜醇；茶汤嫩绿清澈，叶底柔嫩匀齐。

2. 洞庭碧螺春与仿制碧螺春的区别

(1) 采摘标准不同。洞庭碧螺春不采单芽，只采一芽一叶初展。仿制的碧螺春以单芽为主，有少部分为一芽一叶或全部是单芽。

(2) 加工工艺不同。洞庭碧螺春采用的是“手不离茶，茶不离锅，连续操作，起锅即成”的一锅到底加工工艺。而仿制碧螺春多采用小型名茶杀青机械杀青或锅炒杀青后起锅冷揉，基本上不采用一锅到底的加工工艺。由于加工工艺有所不同，造成洞庭碧螺春和仿制碧螺春在外形色泽、条索以及茸毛上有所差别。

(3) 产地生态环境不同。洞庭碧螺春的茶树间种在枇杷、杨梅、橘、梅、板栗等果树下，由于果树遮阳，芽叶内氨基酸含量特别多，约为 368 mg/kg，而采用龙井 43 仿制的碧螺春成品茶中氨基酸含量为 251 mg/kg，同时受四季花果的熏陶，洞庭碧螺春带一种甜美的花果味。

(4) 感官品质不同。洞庭碧螺春与仿制碧螺春的感官品质区别见表 3—2。

表 3—2　洞庭碧螺春与仿制碧螺春的感官品质区别

项目＼茶品	洞庭碧螺春	仿制碧螺春
茸毛	蓬松，根根竖在芽叶上	黏附在芽叶上或脱离芽叶
色泽	银绿隐翠，光彩夺目	黄绿色（四川、福建所产）或青绿色（湖南、贵州所产）
条索	卷曲呈螺，像蜜蜂腿那样弯曲	直条多或呈圆球形卷曲
汤色	较浅，呈碧玉色	较深，偏向于青绿色
香气	清幽持久	低或者浓，但带有浊气
滋味	鲜嫩	略苦
叶底	一芽一叶，呈嫩黄绿色	多为单芽，显青绿色

3.2.5 碧螺春茶的审评方法

1. 外形审评

(1) 形状特征。条索纤细，茸毛披露，卷曲呈螺。当地茶农形容为“满身毛，铜丝条，蜜蜂腿”。

1）满身毛。碧螺春成品茶有白毫遮掩，审评上称为“茸毛披露或茸毛密布”，茸毛紧

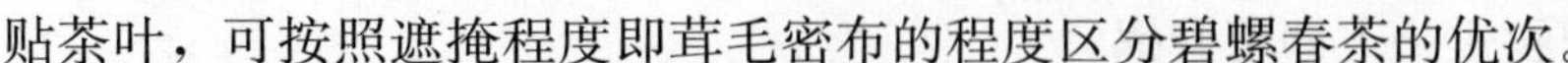

贴茶叶，可按照遮掩程度即茸毛密布的程度区分碧螺春茶的优次。

2）铜丝条。指碧螺春条索细紧重实，冲泡时迅速下沉，不浮在水面，审评上称为纤细，是碧螺春芽叶细嫩、做工精细的标志之一，可以按照其细紧程度来区分碧螺春的老嫩和好坏。

3）蜜蜂腿。指碧螺春的形态像蜜蜂的脚，审评时形容其条索卷曲呈螺，实际上碧螺春的形状是茶条经揉捻卷紧后，搓团时使条索略卷曲。碧螺春像蜜蜂腿那样的形态特征，是区分真假碧螺春和加工技术好坏的重要特征之一。

(2) 色泽。银绿隐翠，白毫显露，指的是在白茸毛的衬托下，茶叶的绿叶给人以熠熠生辉的感觉。

2. 内质审评

内质特征为一嫩三鲜。

(1) 一嫩。一嫩指芽叶特别细嫩，每 500 g 碧螺春含嫩芽 50 000～60 000 个，芽大叶小，芽叶尚未展开。

(2) 三鲜。指色鲜艳，香鲜浓，味鲜醇。

1）色鲜艳。指碧螺春不但外形色泽银绿隐翠，而且茶汤碧玉清澈，鲜艳耀人，叶底嫩绿亮丽。

2）香鲜浓。指碧螺春茶的香气在清茶香中透着浓郁的花香。

3）味鲜醇。指在碧螺春茶的鲜爽茶味中，另有一种甜蜜的果味，使人百饮不厌，回味无穷。

3.3 黄山毛峰

3.3.1 黄山毛峰的产地特征

黄山毛峰主产地位于黄山风景区和黄山区的汤口、冈舌村、芳村、三岔、谭家桥、焦村；徽州区的充川、富杞溪、杨村、恰合；歙县的大谷运、许村、黄村、璜蔚、璜田；休宁县的千金台等地。茶园多分布在高山区。

1. 气候特征

黄山毛峰主产区属亚热带季风气候区，因山高谷深，全年平均气温较低，仅 7.8℃，从山脚到山顶，气温呈垂直递减。由于北坡和南坡日照时差大，递减率南坡大于北坡。黄山冬季山谷常出现暂时性逆温现象，在一定高度的山坡地带，气温反而高于谷底。黄山多阴雨和云雾天气，山上年平均日照时数为 1 810.2 h，山下比山上多。年平均相对湿度为 71%～78%，山下较高。

2. 土壤特征

黄山风景区为典型的花岗岩峰林地貌，并向周围扩展分布，多高山深谷陡坡地形，相对海拔高度 400～500 m。山地土壤一般是海拔 650 m 以下为黄红壤，650～1 100 m 为山

地黄壤，1 100 m 以上为暗黄棕壤，1 600 m 以上为酸性棕壤。

3.3.2 黄山毛峰的茶树品种

黄山毛峰的茶树品种主要是黄山大叶种，分布在黄山、汤口、芳村、岗村、三岔等地。树型大，芽头肥壮，多白毫，抗寒性强。该品种已通过国家级审定，是全国重点推广的优良品种，其次还有祁门储叶种等群体。

3.3.3 黄山毛峰的采制技术

1. 采摘

特级黄山毛峰一般于清明前后开采，1～3 级毛峰于谷雨前后采摘。特级黄山毛峰的采摘标准为一芽一叶初展，一级的采摘标准为一芽一叶或一芽二叶初展；二级的采摘标准为一芽一、二叶；三级的采摘标准为一芽二叶或一芽三叶初展。鲜叶进厂后必须先进行拣剔，剔除冻伤叶和病虫危害叶，拣出不符合标准要求的叶、梗和茶果，以保证芽叶质量匀净。不同嫩度的鲜叶要分开摊放，分开加工。为了保证茶叶品质，要求上午采摘的鲜叶下午加工，而下午采摘的则当晚加工。

2. 加工工艺

（1）杀青

1）锅温。先高后低，开始约 150℃左右，慢慢降至 130℃左右，鲜叶下锅后，能听到炒芝麻声即为温度适中。

2）投叶量。特级为 200～250 g，一级以下可增加到 500～700 g。

3）手法。单手翻炒，手势要轻，翻炒要快，平均 50～60 次/min，扬得要高，叶子离开锅面 20 cm 左右，撒得要开，捞得要净。

4）程度。要求杀青适当偏老，杀青叶质地柔软，表面失去光泽，青气消失，茶香显露即为杀青适度。

（2）揉捻。特级和一级原料，在杀青达到适度时，需要继续在锅内抓炒几下，以起到轻揉和理条的作用。二、三级原料杀青叶出锅后，应及时散失热气，轻揉 1～2 min，叶子稍卷曲成条即可。揉捻进度宜慢，压力宜轻，要边揉边抖，以保持叶完整，白毫显露，色泽绿润。

（3）烘焙。黄山毛峰的烘焙分初烘和足烘两道工序。

1）初烘。每只杀青锅配四只烘笼，火温先高后低，第一只烘笼烧明炭火，烘顶温度要求 90℃以上，后三只温度依次为 80℃、70℃、60℃左右，边烘边翻，顺序移动烘顶，至含水量为 15%即可。初烘过程中翻叶要勤，摊叶要匀，操作要轻，火温要稳。

2）足烘。初烘叶需摊凉 30 min 以上，然后进行足烘，足烘的温度一般掌握在 60℃左右，投叶量为 8～10 笼初烘叶，文火慢慢烘至足干。足干后拣剔去杂再复火一次，以促进茶香的透发。

3.3.4 黄山毛峰的品质特点

形似雀舌，匀齐壮实，峰显毫露，色泽油润微黄似象牙，鱼叶金黄；香气清鲜高长，汤色清澈杏黄明亮，滋味鲜浓醇厚，回味甘甜，叶底嫩黄，肥壮成朵。其中“金黄片”和“象牙色”是黄山毛峰的两大明显特征。

3.3.5 黄山毛峰的审评方法

1. 外形审评

（1）形状。外形细嫩、芽肥壮、匀齐，有锋毫，形似雀舌的为上品。

（2）色泽。色泽嫩绿金黄油润，鱼叶呈金黄色的为佳。

2. 内质审评

内质特征为香气清鲜高长，汤色清澈杏黄明亮，滋味醇厚鲜浓有回甘，叶底嫩黄，肥壮成朵。如加工不当容易出现成品茶青气重，香低味浓等问题。

3.4 信阳毛尖

3.4.1 信阳毛尖的产地特征

信阳毛尖为历史名茶，始创于清末。产于河南南部信阳地区，主产区位于信阳县西南部山区的车云山、云雾山、集云山、天云山、连云山、白龙潭、黑龙潭等山场。

1. 地理位置

信阳地区地处鄂豫皖交界，位于北纬 31°23′～32°37′，东经 113°45′～115°55′。地势西高东低，南高北低，大别山脉自西向东延伸于该地区南沿，淮河贯穿于该地区北部。

2. 气候特征

信阳毛尖产区处于北亚热带向暖温带过渡气候区。四季分明，雨热同季，光、热、水资源丰富。年平均气温 15.2～15.5℃，山区气温随海拔升高而降低，每升高 100 m，气温下降0.4～0.6℃，年平均无霜期为 217～229 天，最短 184 天。年降水量为 1 120 mm，降水量由南向北递减。淮河以北（岗地、平原）降水量为 900 mm，淮河以南丘陵地带（茶区）为 1 000～1 200 mm，山区（茶区）在 1 200 mm 以上。年平均日照数为 2 168.9 h，日照率为 49%。常年相对湿度在 75%左右。茶区在海拔 100 m 左右地区，全年月平均空气相对湿度不低于 70%，在海拔 500 m 左右地区，夏季相对湿度≥80%的月份明显增多，有利于茶树生长。

3. 土壤特征

信阳茶区主要以黄棕壤土居多，土层深厚，有机质含量较高，养分丰富，土壤质地疏松，通透性能好，抗旱保湿能力强，多是酸性，pH 值为 4.5～6.5。

3.4.2 信阳毛尖的茶树品种

信阳茶树品种多从安徽六安、麻阜，浙江杭州西湖等地引进，主要以本山群体种为主，很适合制名茶信阳毛尖。另外还有从湖南引进的白毫早无性茶苗，安徽祁门波毫、槠叶种以及福建福鼎大白茶和杭州龙井 43 等良种无性茶苗。

1. 本山种

本山种也称桂花种、信阳种，小灌木形，分枝低矮茂密，树高 1～1.5 m，半披张形。节间较长，叶片较大；属中叶种，为长椭圆形，叶梢渐尖，叶肉厚而隆起，深绿有光泽，芽壮（嫩绿色）茸毛多，持嫩性强。

2. 白毫早

无性系茶苗，比本山种提前 7～10 天发芽，采摘期较长，芽壮、毫多、持嫩，适制信阳毛尖。

3.4.3 信阳毛尖的采制技术

1. 采摘

（1）采摘标准。制作信阳毛尖的茶树采摘标准见表 3—3。

表 3—3　茶树采摘标准

级别	鲜叶要求
特级	一芽一叶初展，正常芽叶占 85%以上
一级	一芽一叶或一芽二叶初展，正常芽叶占 80%以上
二级	一芽一、二叶，正常芽叶占 70%以上
三级	一芽二、三叶，兼有（二叶）嫩对夹叶，正常芽叶占 65%以上
四级	一芽三叶及对夹叶，正常芽叶占 40%左右
五级	对夹叶，正常芽叶占 30%左右

（2）采摘时间。采摘鲜叶一般在晴天进行。南山气温稍高，4 月上旬开采，西山（为高山区）则在 4 月中下旬开采。

（3）采摘要点。要做到“五不采”，即不采老、不采小、不采马蹄叶（鱼叶）、不采茶果（花蕾、幼小果实）、不采老枝梗。鲜叶采后 1 h 左右，应分级、分批依次摊在通风洁净无异味的屋内地面上。摊厚 5～10 cm，每隔 1 h 左右轻翻一次。当天鲜叶需当天炒制。

2. 加工工艺

（1）生锅。生锅能起到杀青和初揉的作用。锅温在 140～160℃，投叶量 500 g 左右，以鲜叶投入锅内发出“啪啪”轻响声为适度。用茶把（用细软竹枝扎成的柔软圆帚）反复挑翻青叶，经 3～4 min，青叶软绵后用把夹收拢青叶，裹条轻揉。动作由轻、慢逐步加重、加快，不时抖动抖散，反复进行。当青叶进一步软绵卷缩，且初步形成泡松条索，嫩茎折不断时，应尽快用茶把将青叶全部扫入熟锅。生锅过程历时 7～10 min，经生锅后的茶叶含水量约 55%左右。雨水叶或露水叶，火温需提高 10～20℃，勤翻多抖。嫩叶水分较多，火温也应稍高，但动作宜轻。

(2) 熟锅。熟锅是做条整形，产生香气以及滋味的关键工序。锅温要控制在 80～100℃。开始先用茶把操作，以把尖团转茶叶，继续裹条，不时挑散，反复进行，不使茶叶成团块。3～4 min 后，待茶条较紧细时，把茶把稍放平，进行赶条。待茶条稍紧，互不相粘时，改用手直接理条，也称顺条、抓条或甩条。抓起锅中部分茶叶从“虎口”甩出，撒开抛到茶锅上沿，茶条则顺斜锅滚回锅心，如此反复进行，茶条逐渐就会紧细、圆直、光滑。特级、一级细嫩茶叶，在生、熟锅操作过程中，动作宜稍轻，以防止茶条色泽不鲜，白毫脱落，影响茶叶的外形品质，熟锅全过程历时 7～10 min，至茶叶七八成干，茶条细紧、圆直、鲜绿、光润时，立即清扫出锅，摊在簸箕上。

(3) 初烘（打毛火）。火温 80～90℃，6～7 锅叶并为一烘，大约 1.5～2 kg 的叶量，每隔 5～8 min 翻拌一次，经 20～25 min，茶条定形。用手抓茶条，稍感戳手，但嫩茎折不断，色泽鲜绿、稍有清香，即可下烘。此时含水量为 15%左右。

(4) 摊凉。初烘后的茶叶，要在室内及时摊凉 1 h 左右，堆厚 30 cm 左右。

(5) 复烘（二道火）。火温 60～65℃。每烘摊叶量 2.5～3 kg，每隔 10 min 左右翻拌一次。待茶条固定，嫩茎可折断，手抓茶叶感到戳手，手捏茶叶即成碎末时，便可下烘。复烘时间为 30 min 左右，含水量为 6%～7%，复烘后的茶叶色泽翠绿、光润、香气清高。

(6) 拣剔（择茶）。拣出回青、叶片、老枝梗、茶末及其他异物。

(7) 再复烘（拉烘、打足火）。使茶叶进一步干燥，达到标准含水量（6%），同时可进一步形成信阳毛尖的色、香、味。温度控制在 60℃左右，每烘摊茶 3～3.5 kg，每隔 10 min 摸茶一次，手持茶叶有热感时即翻烘一次，25～30 min 后，待茶叶色泽翠绿光润，香高浓烈，手提成碎末时即可下烘。

3.4.4 信阳毛尖的品质特点

外形条索细、紧、直，色泽翠绿油润，白毫显露，汤色嫩绿明亮，叶底嫩绿匀整，香气鲜浓，并有熟板栗香，滋味浓醇鲜爽。

3.4.5 信阳毛尖的审评方法

1. 外形审评

(1) 形状。优质信阳毛尖外形条索紧细，圆、光、直，有锋苗。

(2) 色泽。色泽翠绿油润，白毫显露的为上品。

2. 内质审评

内质特征为香气高鲜，有熟板栗香，汤色嫩绿鲜亮，滋味鲜爽醇厚，饮后回味生津，叶底嫩绿匀整。如加工不当容易出现成品茶色泽青绿，味淡，有青气，香气差等问题。

3. 不同等级茶叶品质特点的比较

不同等级茶叶品质特点的比较见表3—4。

表3—4　不同等级茶叶品质特点的比较

级别	外形	色泽	香气	汤色	滋味	叶底
特级	细秀匀直，显锋苗	翠绿，白毫遍布	鲜嫩，高爽	嫩绿鲜亮	鲜爽	嫩绿明亮，细嫩匀齐
一级	细、圆、光、直，匀称，有锋苗	翠绿，白毫显露	清香高长，略有熟板栗香	翠绿鲜亮	鲜浓	鲜绿明亮，细嫩匀整
二级	细、圆、紧直、较匀	绿润，芽毫稍露	清香，有熟板栗香	绿翠明亮	浓厚回甘	鲜绿，匀整，亮
三级	圆直、尚紧	绿尚光润	清香，有熟板栗香	黄绿清明	浓醇	绿亮尚匀
四级	条索较粗，尚紧圆，欠匀直	深绿	纯正	黄绿	醇和	深绿稍粗老

3.5　太平猴魁

3.5.1　太平猴魁的产地特征

太平猴魁为历史名茶，始创于清末，主产区位于黄山市黄山区太平湖畔的猴坑一带。

1. 地理位置

猴魁主产区属黄山支脉，海拔为709～777 m，地跨北纬30°0′～30°26′，东经118°04′～118°21′。

2. 气候特征

猴魁主产区属副热带季风湿润气候，四季分明，雨量充沛，湿润温暖，日照较少，小气候特点显著，年平均气温15.4℃。年日照时数为1 752.7 h，平均年日照率为40%，最高为45%，最低为34%。平均年降水量为1 564.5 mm，降水四季分配不均，夏季最多，冬季最少，平均年降雨日为164天，占全年的45%，全年雾日较多，年平均雾日55.5天，最多达107天，高山和沿太平湖地区雾日更多一些。

3. 土壤特征

猴魁产地的土壤pH值为5.5～6.5，是沉积岩的风化残积物，含有丰富的矿物质营养。黑沙壤面积占68%，土层深达1.5 m以上，加上四周森林葱郁，每年又施下大量的绿肥，使土壤有机质的积累速度大于分解速度，久而久之形成肥沃的黑沙壤土。土质疏松，排水透气性能好，保水耐旱。另外，产区内黄沙壤土面积约占32%。

3.5.2　太平猴魁的茶树品种

制作太平猴魁茶的主要茶树品种为柿大茶种，有着悠久的栽培历史。其特点是枝杆粗

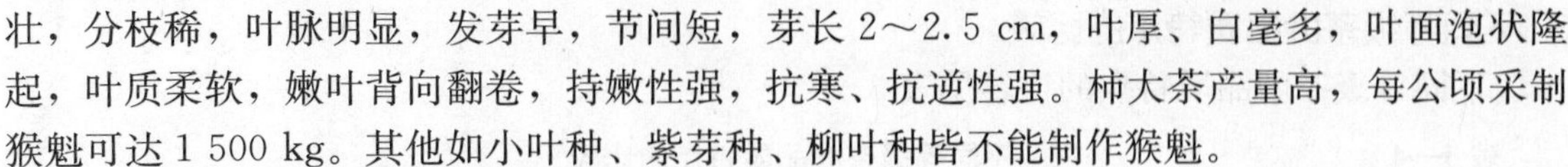

壮，分枝稀，叶脉明显，发芽早，节间短，芽长 2～2.5 cm，叶厚、白毫多，叶面泡状隆起，叶质柔软，嫩叶背向翻卷，持嫩性强，抗寒、抗逆性强。柿大茶产量高，每公顷采制猴魁可达 1 500 kg。其他如小叶种、紫芽种、柳叶种皆不能制作猴魁。

3.5.3 太平猴魁的采制技术

1. 采摘时间

谷雨前后开采，至立夏结束，历时半个月。当新稍长出一芽三叶时采摘，一般有 20% 左右芽叶达到采摘标准时即可开园。若气温高，发芽早，谷雨前 2～3 天开园；气温低，发芽迟，则谷雨后 3～4 天开园。

2. 采摘标准

一芽三叶初展，并严格做到"四拣"。"四拣"指的是拣山、拣棵、拣枝、拣尖。

（1）拣山。选择背阴而高，土壤肥厚，坐南朝北茶树长势好的茶山。

（2）拣棵。选择生长旺盛的柿大品种的茶树。

（3）拣枝。选择枝杆粗壮，生长健全，无病虫害的茶枝。

（4）拣尖。拣尖是决定成茶规格的重要一环。即折下一芽带二叶的"尖头"，作为制猴魁的原料。"尖头"要求芽叶肥壮，匀齐整枝，老嫩适度，叶缘背卷，且芽尖和叶尖的长度相齐，以保证成茶能形成"二叶抱一芽"的外形。拣尖时，要掌握"八不要"原则，即芽叶过大、过小、瘦弱、弯曲、色淡、紫芽、对夹叶、病虫叶不要。拣尖时，剔除的芽叶、单片均用来制"魁片"。太平猴魁采摘要在晴天进行，雨天一般不采。拣尖过程，也是鲜叶摊放的过程。短时间摊放，实际上是一种轻度的萎凋，使叶片少量失水，便于杀青，同时也有利于内含物的转化，对猴魁香气、滋味的形成能起到一定的作用。

3. 加工工艺

（1）杀青。要求杀青均匀，老而不焦，无黑泡、白泡和焦边现象。杀青锅选用平口深锅，锅壁要光滑清洁，以木炭作为燃料，以确保锅温（宜掌握在 110℃左右）稳定。每锅投叶量 75～100 g，历时 2～3 min。其要点是带得轻、捞得净、抖得开。杀青结束前，要适当进行理条。杀青叶要求毫尖完整，梗叶相连，自然挺直，叶面舒展。

（2）毛烘。毛烘也称子烘，一口杀青锅配四只烘笼，火温依次为 100℃、90℃、80℃、70℃。杀青叶摊在烘顶上后，要轻轻拍打烘顶，使叶子摊匀平伏。适当失水后翻到第二烘，先将芽叶摊匀，然后用手轻轻按压茶叶，使叶片平伏抱芽，外形挺直，要边烘边按。第三烘温度略降，仍要边烘边按。当翻到第四烘时，叶质已经干脆，不能再按。至六七成干时，下烘摊凉。毛烘的目的是尽快散失水分，防止残余酶活动，保持色绿。另外，毛烘兼有做形的作用。

（3）足烘。足烘也称老烘。投叶量约 250 g，火温 70℃左右，要用棉制软垫边烘边按，使茶叶达到平直的目的。每隔 5～6 min 翻一次，共翻 5～6 次，达九成干时下烘，共历时 25～30 min。

（4）复焙。复焙也称打老火。投叶量 1 000 g，火温 60℃左右，边烘边翻，切忌按压。足干后趁热装筒，筒内垫箬叶，以提高猴魁香气，故有“茶是草，箬是宝”之说。待茶冷却后，加盖焊封。

3.5.4 太平猴魁的品质特点

外形两叶抱芽，平扁挺直，白毫隐伏，有“猴魁两头尖，不散不翘不卷边”之说。芽叶肥硕、重实、匀齐；叶色苍绿匀润，叶脉绿中隐红，俗称“红丝线”。兰香高爽，香味有独特的“猴韵”，滋味醇厚回甘，汤色清绿明澈，叶底嫩匀亮，芽叶成朵肥壮。

3.5.5 太平猴魁的审评方法

1. 外形审评

（1）形状。优质的太平猴魁外形开展、整枝、挺直，两叶抱一芽，如含苞的白兰花，叶质肥壮重实，含毫而不露。

（2）色泽。色泽苍绿匀润，叶脉绿中隐红的为上品。

2. 内质审评

内质特征为香气高爽持久，含花香，汤色清绿明净，滋味鲜醇回甘，叶底嫩匀亮，芽叶成朵肥壮。如加工不当容易出现成品茶身骨欠重实，有焦边，香短味淡，叶子长薄等问题。

3.5.6 魁尖和猴魁的品质鉴别

太平猴魁产地仅限于猴坑一带，产量不多，其他地区所产统称魁尖，制法与猴魁基本相同，外形也和猴魁相似，但品质风格差异都极大。具体表现在以下几点：

（1）魁尖色泽鲜绿，不耐储藏；猴魁色泽苍绿（俗称宝绿），耐储藏。

（2）魁尖白毫显露；猴魁白毫隐伏。

（3）魁尖身骨轻薄欠肥壮；猴魁重实肥壮。

（4）魁尖香短味淡；猴魁香高味浓。

（5）魁尖叶底欠明亮，叶张薄；猴魁叶底黄绿明亮，芽叶柔软肥壮。

3.6 六安瓜片

3.6.1 六安瓜片的产地特征

六安瓜片属绿茶类，创制于清末。产于安徽省六安市、金寨县和霍山县，主产区位于金寨县齐头山一带。

1. 地理位置

茶叶产区地处大别山北麓，属淮河水系，海拔一般在 100～600 m。按照山势高低，

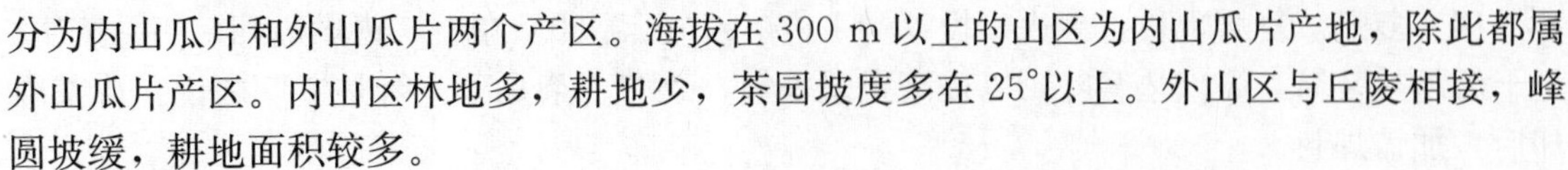

分为内山瓜片和外山瓜片两个产区。海拔在300 m以上的山区为内山瓜片产地，除此都属外山瓜片产区。内山区林地多，耕地少，茶园坡度多在25°以上。外山区与丘陵相接，峰圆坡缓，耕地面积较多。

2. 气候特征

主产区内四季分明，季风明显，总体温和，但各地温差较大。海拔100～300 m，常年平均气温15℃，海拔300 m以上，低于14℃。年平均无霜期为210～220天。光照充足，年日照时数为2 000～2 300 h，年日照率在50%左右，光能资源较为丰富。雨量适中，年平均降水量在1 200～1 400 mm，年平均降水天数为125.6天，常年相对湿度80%，干燥度0.8以下，属湿润地带。

3. 土壤特征

主产区内土壤类型比较复杂。内山区主要是黄棕壤，土层深厚，有机质含量高，土壤肥力和通透性好，pH值为4.8～5.5，外山区以下蜀系成土母质分化而成的黄棕壤为主，土层虽厚，但耕作层浅薄，质地黏重，底层常有不透水粘盘层，肥力和透气性较差，pH值为5.0～6.5。

3.6.2 六安瓜片的茶树品种

主要茶树品种为六安独山双峰中叶种，俗称大瓜子种。其叶片呈椭圆形，分枝密，育芽能力强，发芽整齐，叶片上斜着生，锯齿粗而钝，叶色黄绿，叶面稍隆起，叶脉6～7对，叶身内折，抗寒抗旱性较强，产量中等。其他适制六安瓜片的茶树品种还有小瓜子种、大柳叶种和小柳叶种。

3.6.3 六安瓜片的采制技术

1. 采摘

一般于谷雨后开采，采摘标准以一芽二、三叶和对夹二、三叶为主。鲜叶采回后要及时进行扳片。扳片也称掰片，即是将嫩叶（未开面）、老叶（已开面）分离出来炒制瓜片，芽、茎梗和粗老叶炒制“针把子”，作为副产品处理。扳片是六安瓜片品质形成的重要加工步骤，其作用主要有以下几点：

（1）通过扳片可以对鲜叶进行精细的分级，以便根据老叶、嫩叶对炒制技术条件的不同要求分别加工，使成茶品质均匀。

（2）鲜叶采回后，从扳片到炒制，实际上进行了一段时间的摊放（一般早上采茶，中午扳片，下午或晚上炒制），在此期间，鲜叶中的多酚类化合物、蛋白质、糖类等物质会发生转化，使成茶滋味醇和，香气清高。

（3）经过扳片挑出的无梗的单片叶，可以方便地塑造成六安瓜片所要求的直而不弯、平而不扁、叶缘背卷的特殊外形。

2. 加工工艺

（1）生锅。生锅主要起杀青的作用，锅温控制在100℃左右，投叶量大约为100 g，嫩

片酌减，老叶稍增。鲜叶下锅后要用竹丝帚或芦花帚翻炒 1～2 min，炒至叶片变软时即可。

（2）熟锅。熟锅能起到造型和干燥的作用。锅温比生锅稍低，投叶量嫩片为 25～50 g，中等片为 50～100 g，老片一般以不超过 250 g 为宜。要边炒边拍，使叶子逐渐成为片状，用力大小视鲜叶嫩度不同而异。炒嫩叶要提炒轻翻，帚把放松，以保色保形。炒老叶则帚把要带紧，以轻拍成片。炒至叶子基本定形，含水率 30%左右时即可出锅。

（3）毛火。毛火要用烘笼、炭火。每笼投叶量约 1.5 kg，烘顶温度 100℃左右。老片、嫩片分别进行。嫩片含水率高，要薄摊，老片可稍厚，一般隔 2～3 min 翻一次，毛火的烘焙程度要求大干小潮，即老片要干些，嫩片要潮些。一般烘至八成至八成半干即可。

（4）小火。小火最迟要在毛火后一天进行。每笼投叶量 2.5～3 kg，火温不宜太高，要勤翻，烘至九成干。

（5）老火。老火又叫拉老火，是最后一次烘焙，对六安瓜片特殊的色、香、味的形成影响极大。老火要求火温高，火势猛。木炭要先排齐挤紧，烧匀烧旺。每笼投叶 3～4 kg，由人工抬烘笼在炭火上烘焙 2～3 s，即抬下翻茶，依次抬上抬下，边烘边翻。为充分利用炭火，可 2～3 只烘笼轮流上烘。每笼茶要罩烘五六十次，甚至七十次左右。掌握罩烘次数的原则是晴天少，雨天多，嫩茶少，老茶多。烘焙过度，则汤色发黄；若烘焙不够，则香低味淡，且有青气。

3.6.4 六安瓜片的品质特点

1. 外形

单片顺直匀整，叶边背卷平展，不带芽梗，形似瓜子，干茶色泽翠绿，起霜青润。

2. 内质

汤色清澈透亮，香气清香高长，滋味鲜醇回甘，叶底嫩绿匀亮。

3.6.5 六安瓜片的审评方法

1. 外形审评

（1）形状。优质六安瓜片的外形平展，单片不带芽和茎梗，叶缘微向上重叠，形似瓜子。

（2）色泽。色泽翠绿，起霜青润的为上品。

2. 内质审评

内质特征为香气清鲜高长，汤色碧绿清澈，滋味鲜醇回甘，叶底厚实明亮。如加工不当容易出现成品茶香低欠持久，有青气，外形直条，不似瓜子等问题。

3.7 君山银针

3.7.1 君山银针的产地特征

君山银针为历史名茶，属黄茶类，首创于唐代。因茶叶满披茸毛，底色金黄，冲泡后像黄色羽毛一样根根竖立而得名。产于洞庭湖君山茶场。君山为湖南省洞庭湖中的一个小岛，位于岳阳城西 15 km 处。山上土壤肥沃，多沙质壤土，年平均温度 16～17℃，年平均降水量 1 340 mm，3—9 月相对湿度约 80%，春夏季湖水蒸发，云雾弥漫，岛上竹木丛生，有利于茶树的生长。

3.7.2 君山银针的茶树品种

选用优良品种银针 1 号制成，该品种叶厚芽壮，化学成分含量和比例适宜。

3.7.3 君山银针的采制技术

1. 采摘

（1）采摘时间。清明前 7～10 天开始至清明后 10 天结束。

（2）采摘标准。芽头要求长 25～30 mm，宽 3～4 mm，芽蒂长约 2 mm，肥硕重实，一芽头包三四个已分化却未展开的叶片。为防止擦伤芽头和茸毛，盛茶篮内要衬白布。根据经验，君山银针有“九不采”原则，即雨天芽、露水芽、紫芽、空心芽、开口芽、风伤芽、虫伤芽、瘦弱芽和过长过短者不采，采摘时，不可用指甲掐采，须轻轻折断芽头。

2. 加工工艺

（1）杀青。在 20°角的斜锅中进行，锅子在鲜叶杀青前要磨光打蜡，火温要掌握先高（100～120℃）后低（80℃）的原则，每锅投叶量 300 g 左右。茶叶下锅后，两手轻轻捞起，由怀内向前推去，再上抛抖散，让茶芽沿锅下滑。动作要灵活、轻巧，切忌重力摩擦，防止芽叶弯曲、脱毫、茶色深暗。4～5 min 后，当芽蒂萎软，青气消失，发出茶香，减重率达 30%左右时，即可出锅。

（2）摊凉。杀青叶出锅后，要盛于小篾盘中，轻轻扬簸几次，散发热气，清除细末杂片，摊凉 4～5 min，即可初烘。

（3）初烘。初烘要在炭火坑灶上进行，温度掌握在 50～60℃，烘 20～30 min，至五成干左右。初烘程度一定要认真把握。过干，初包闷黄时会转色困难，达不到香高色黄的要求；过湿，则会导致香气低闷，色泽发暗。

（4）初包。初烘叶稍经摊凉，即要用牛皮纸包好，每包 1.5 kg 左右，置于铁桶或枫木箱内，放置 40～48 h，在这个过程中茶芽会因发生一系列的化学变化而黄化。初包是君山银针品质形成的重要工序，每包茶叶的量要合适，太多则化学变化剧烈，芽易发暗，太少则变色缓慢，难以达到初包的要求。由于包闷时茶叶会氧化放热，包内温度会逐步升高，24 h后可能达30℃左右，因此，应及时翻包，以使转色均匀。初包时间的长短，与气温有密切的关系，气温在20℃左右时，初包时间约为40 h，若气温低于20℃则应适当延长初包时间，当芽现黄色即可松包复烘。通过初包，银针品质风格基本形成。

（5）复烘与摊凉。复烘的目的在于进一步蒸发水分，固定已形成的有效物质，减缓在复包过程中某些物质的转化。复烘的温度均为50℃，时间为1 h左右，烘至八成干即可。若初包变色不足，则烘至七成干为宜。下烘后要进行摊凉，此时摊凉的目的与初烘后的摊凉相同。

（6）复包。若初包发酵不匀或不足，则可再进行复包，方法与初包相同，时间约为20 h，待茶芽色泽变为金黄，香气变得浓郁即可停止。

（7）足火。足火温度为50～55℃，每次约烘0.5 kg，烘至足干，要求含水量不超过5%。

（8）拣选。足火摊凉后，要按芽头的肥瘦、曲直、色泽明暗进行挑选分级。以壮实、挺直、亮黄者为上；瘦弱、弯曲、暗黄者为次。

3.7.4 君山银针的品质特点

芽头肥壮挺直，大小长短均匀，白毫完整鲜亮，芽头金黄，素有“金镶玉”的美称。汤色橙黄明净，香气清纯，滋味甘甜醇和，叶底黄亮匀齐。

3.7.5 君山银针的审评方法

1. 外形审评

（1）形状。优质君山银针的芽头肥壮挺直、匀齐。

（2）色泽。以色泽金黄光亮的为上品。

2. 内质审评

内质特征为香气清鲜，汤色橙黄明净，滋味甜爽，叶底嫩黄匀亮。如加工不当容易出现成品茶色泽偏绿等问题。

3.8 祁门红茶

3.8.1 祁门红茶的产地特征

祁门红茶主产于安徽省祁门县及毗邻的石台县、东至县、贵池市、黟县、黄山区等地域，江西省的景德镇市也属祁门产区。因祁门县产量最多，质量最好，故称“祁红”。

1. 地理位置

祁门产区属黄山山脉，九华山脉西段山地。位于北纬29°35′～30°08′，东经117°12′～117°57′，海拔高度多在600 m左右，茶园大部分分布在海拔100～350 m的峡谷山地和丘陵地带。

2. 气候特征

祁红茶区属热带季风气候，温暖湿润，雨量充沛，四季分明。春夏季节云雾缭绕，并因山高林密形成许多小气候地域，自然环境优越，年平均气温 15.6℃，年平均无霜期 220～230 天。平均每年晴天 50 多天，阴天 170 天左右，雨雾天 150 天左右，年平均日照时数 1 861.6 h，年日照率为 45%。年平均降水量高达 1 600～1 800 mm，雨量分布以春夏最多，占全年雨量的 60%～70%，气温高于 10℃期间的降水量达 1 200～1 400 mm，与茶树生长需水量相吻合。春夏季节相对湿度都在 80%左右。

3. 土壤特征

茶区内土壤主要由干枚岩、紫色页岩风化而来，有七大类。其中适宜种茶的红壤、黄壤、黄棕壤、石灰岩土占总面积的 86.7%。土质肥厚，结构良好，透气性、透水性和保水性均较佳，含氧化铝、铁成分也较丰富，水分充足，土壤酸碱度适中，pH 值为 5.0～6.0。

3.8.2 祁门红茶的茶树品种

以群体品种为主，有八个类型，即槠叶种、柳叶种、栗漆种、紫芽种、迟芽种、大柳叶种、大叶种和早芽种。其中以槠叶种所占比率最大，占群体的 81.1%，栗漆种占 4.4%，柳叶种占 3.9%，大柳叶种占 3.3%，其他种合占 7.3%。

1. 槠叶种

有性繁殖系，灌木型，树姿半开展，分枝密度中等，平均树高 75～175 cm。属中叶类，叶片椭圆形，叶尖渐尖，芽叶黄绿色。中芽种，一芽三叶平均长 5.29 cm，平均重 0.44 g，茶多酚含量为 19.81%，水浸出物含量为 43.66%。以之制成的工夫红茶，条索紧细苗秀，色泽乌润，滋味醇厚甜润，回味隽厚，具有果香或花香的独特香气，俗称“祁门香”。

2. 柳叶种

灌木型，平均树高 75～175 cm，分枝中等。叶片长 6～10 cm，宽 2.25～2.75 cm，叶片为长椭圆形或披针形，叶尖急尖。一芽三叶平均长度 5.74 cm，平均重 0.38 g，茶多酚含量为 18.01%，水浸出物含量为 42.35%。

3.8.3 祁门红茶的采制技术

1. 采摘

采摘标准为一芽二、三叶及同等嫩度的对夹叶，要求分批勤采，按标准采。采后鲜叶按其嫩度、匀度、新鲜度等进行分级，分别储青待制。

2. 加工工艺

（1）萎凋。萎凋是祁红初制的第一道工序，它是奠定祁红条索细紧美观，香高味醇的基础。萎凋方法通常有日光萎凋、室内自然萎凋、萎凋槽萎凋三种，现在较广泛使用的是

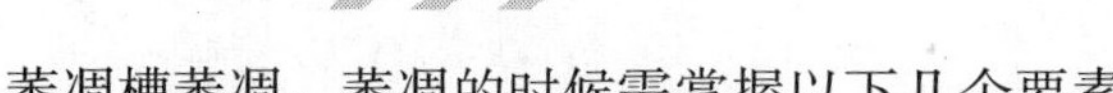

萎凋槽萎凋，萎凋的时候需掌握以下几个要素：

1）温度。一般以35℃为宜，春茶季节气温较低，可采用萎凋槽加温，但风温不要超过35℃。夏秋季节气温高，可不必加温，只需鼓自然风。雨水叶的萎凋要待表面水干后才能加温进行。

2）摊叶厚度。一般摊叶厚度约20 cm，每条萎凋槽放200～250 kg，摊叶要均匀，嫩叶、雨水叶要薄摊，上叶时要保持鲜叶的疏松状况。

3）翻拌。为使萎凋均匀并缩短萎凋时间，在萎凋过程中要适当进行翻拌，一般每小时翻拌一次，雨水叶前期每半小时就要翻拌一次，翻拌时要求翻到底，抖得开，动作轻。

4）时间。萎凋时间可以根据鲜叶老嫩、含水量、温度、摊叶厚度以及翻拌次数的不同灵活掌握。适度萎凋的标准是叶面软皱，叶质柔软，手握能成团，叶脉叶柄大部分折而不断，含水量58%～64%。春茶宜重萎凋，夏秋茶宜轻萎凋。

（2）揉捻。祁红紧结细长的外形，汤色红艳，滋味浓醇甘甜与揉捻工艺密切相关。揉捻要掌握的原则是：嫩叶少揉，老叶重揉，且要揉透、揉紧，茶汁充分揉出而不流失。揉捻程度主要看叶子情形，揉捻适度时条索紧卷，成条率在90%以上，茶汁外溢并黏附于叶表，用手紧握时茶汁溢而不滴。

（3）发酵。发酵是形成祁门红茶红色红汤，加深茶汤浓度，发展香气，减少青涩味，使其滋味醇和可口的重要环节。发酵一般在专设的发酵室内进行，发酵室要求空气流通，避免阳光直射，室温为24～28℃，室内相对湿度在98%以上。要求揉捻叶松散地铺在发酵柜内，厚度以8～12 cm为宜，嫩叶宜薄，老叶稍厚，发酵时间视叶子老嫩、揉捻程度、室温等因素而定。发酵程度适宜时茶叶青气消失，发散出浓厚的熟苹果香，叶色大部分变红，春茶变成黄红色，夏秋茶变成红黄色，嫩叶色泽鲜艳均匀，粗老叶色泽较暗，常为红里泛青。发酵不足或过度都会对成茶品质构成较大影响。发酵不足，会使茶叶香气不纯，带有青气，色泽不红，汤色泛青，叶底“花青”，滋味青涩。发酵过度，会使茶叶香气低闷，色泽深红带褐，汤暗而浊，叶底深暗不亮，多“乌条”，滋味平淡。

（4）烘干。毛火，温度为100～110℃，时间为15～16 min，摊叶厚度为1～2 cm，毛火的目的是利用较高的温度破坏酶的活性，同时排除大量水分。毛火后摊凉1～2 h，使叶脉和叶柄的水分重新分布，以利于第二次烘干。

（5）足火。足火的目的是使茶叶充分烘干，达到毛茶规定的含水量，同时进一步发挥香气。足火温度控制在80～90℃，时间以15～20 min为宜，摊叶厚度为2～3 cm。烘干后毛茶含水量以6%为适度，足火后需摊凉半小时左右才能装袋。

3.8.4　祁门红茶的品质特征

条索细秀而稍弯曲，有锋苗，色泽乌润略带灰光。香气带有类似蜜糖的香气，持久不散，汤色红亮，滋味鲜醇带甜，叶底红艳柔软匀亮。

3.8.5 祁门红茶的审评方法

1. 外形审评

（1）形状。优质的祁门红茶条索紧秀稍弯曲，有锋苗。

（2）色泽。色泽乌润略带灰光的为上品。

2. 内质审评

内质特征为香气浓郁高长，似蜜糖香，又蕴藏有兰花香，持久不散，俗称“祁门香”。汤色红亮，滋味鲜醇带甜，叶底嫩软红亮。如加工不当容易造成成品茶带有烟味或发酵过度的熟味，以及因发酵不足而色泽偏黑等。

3. 不同级别祁门红茶的品质特征

不同级别祁门红茶的品质特征见表 3—5。

表 3—5　　不同级别祁门红茶的品质特征

项目	级别	一级	二级	三级	四级	五级	六级	七级
外形	条索	细紧露毫有锋苗	细紧有毫有锋苗	紧细	尚紧细	稍粗尚紧	松粗欠紧	粗松
	色泽	乌润	乌润	乌尚润	乌欠润	乌稍灰	乌带灰	棕稍枯
内质	香气	鲜嫩甜	鲜甜	鲜浓	纯浓	尚浓纯	稍粗欠纯	粗低
	滋味	鲜醇爽口	醇厚	醇	尚醇	纯和	稍粗	粗淡
	叶底嫩度	柔嫩多芽	柔嫩有芽	嫩匀	尚嫩匀	欠嫩匀	稍粗老	粗老杂
	叶底色泽	红艳	红亮	红匀尚亮	红匀	尚红匀	尚红稍暗	红暗

3.9 铁观音

3.9.1 铁观音的产地特征

1. 地理位置

铁观音为历史名茶，属青茶类，创制于清乾隆年间，产于福建省安溪县，原产地位于安溪县西坪乡尧阳村。安溪县位于福建东南部，晋江西溪上游，地处北纬 24°50′～25°26′，东经 117°30′～118°18′，属戴云山脉，系该山脉向东南延伸的支脉部分。

2. 气候特征

产区四季常春，冬无严寒，夏无酷热，气候温和，雨量充沛，素有“茶树天然良种宝库”之称。低山产区年平均气温 16.4～18.5℃，无霜期 256～324 天；丘陵产区年平均气温 19～21.2℃，无霜期 324～365 天。低山茶区年降雨量 1 700～1 900 mm，相对湿度 78%～80%；丘陵产区年降雨量为 1 546～1 750 mm，相对湿度 76%～78%，基本能满足茶树旺盛生长的需要。

3. 土壤特征

受气候与地形的影响，安溪县东南部属南亚热带雨林砖红壤性红壤，西部属中亚热带常绿阔叶林山地红壤。西北部地形较高，植被繁茂，湿度大，气温低，其土层深厚，表土腐殖层一般在5～10 cm，有机质含量为1.5%～2%，pH值为5.0～6.0。东南部丘陵地区地势较平缓，海拔低，植被较少，日照强，气温高，土层深厚，表土腐殖质层在0～5 cm，有机质含量为0.5%～1.5%，pH值为5～6。全县土壤肥力，从西北至东南逐渐降低，土壤类型垂直分布，从高到低为黄壤、黄红壤、红壤、砖红壤性红壤，茶园土壤有机质含量为1%～2%，pH值为4.5～6.5。

3.9.2 铁观音的茶树品种

铁观音品种植株为灌木型，中叶类、迟芽种，有紫芽观音、白心尾观音、红芽观音、薄叶观音、圆叶观音等品系。其中以紫芽观音为正宗，品质也最佳。铁观音树姿披张，分枝稀疏斜生，叶椭圆形，叶厚质脆，浓绿油润，叶尖渐尖下垂，叶缘隆起，侧脉明显，叶缘向背呈波状，锯齿粗而钝。

3.9.3 铁观音的采制技术

1. 采摘

（1）采摘时间。铁观音的采摘分四季。4月底至5月初采制春茶，6月下旬采制夏茶，8月上旬采暑茶，10月上旬采秋茶。制茶品质春茶最好，秋茶次之，其香气特高，俗称“秋香”，但汤味较薄，夏、暑茶品质较次。

（2）采摘标准。当嫩梢形成驻芽，顶叶刚开展呈小开面或中开面时，采下二、三叶。采时要做到“五不”，即不折断叶片，不折叠叶张，不碰碎叶尖，不带单片，不带鱼叶和老梗。生长地带不同的鲜叶要分开采摘，特别是早青、午青、晚青要严格分开制造，其中午青的品质最优。

2. 加工工艺

（1）摊青（凉青）。摊青的目的是散发热量，保持鲜叶的新鲜度。

（2）晒青。一般在下午阳光转弱时进行。叶子宜薄摊，以失去原有光泽，叶色转暗，手摸叶子柔软，顶叶下垂，失重6%～9%为适度。然后移入室内凉青，待叶温下降，叶内水分重新分布，即可做青。

（3）做青。摇青与摊置相间进行，合称做青。做青技术性高，灵活性强，是决定茶叶品质优劣的关键。通过摇青可以使叶子的叶缘细胞受损，再经过摊置，茶叶的多酚类化合物在酶的作用下就会缓慢地氧化并引起一系列的化学变化，从而形成铁观音的特有品质。铁观音因鲜叶肥厚，所以要重摇并延长做青时间，共需摇青5～6次。每次摇青的转数由少到多，摇青后摊置历时由短到长，摊叶厚度由薄到厚，发酵程度逐次加深。第三、四次摇青必须摇到青味浓强，鲜叶硬挺为止。第五、第六次摇青，视叶色、香味的变化程度而灵活掌握。

（4）炒青。炒青要及时，当做青叶气味消失，香气初露时即应抓紧进行。炒青以高温短时，多闷少透，炒熟炒透为原则。

（5）揉捻、烘焙。铁观音的揉捻是多次反复进行的，初揉 3～4 min，解块后即进行初焙。焙至五六成干不粘手时下焙，然后趁热包揉，运用揉、压、搓、抓、缩等手法，经三揉三焙后，再用 50～60℃的文火慢烤，以使成品香气敛藏，滋味醇厚，外表色泽油亮，茶条表面凝集一层白霜。

（6）簸拣。慢烤后的茶叶最后经过簸拣，除去梗片、杂质即为成品。

3.9.4 铁观音的品质特点

条索卷曲、壮结、重实，呈青蒂绿腹蜻蜓头状，色泽鲜润富光泽，叶表带白霜。汤色清澈金黄，滋味醇厚甘鲜，入口回甘带蜜味，“音韵”明显，香气清高馥郁，具天然的兰花香，叶底肥厚明亮，具绸面光泽。

3.9.5 铁观音的审评方法

1. 外形审评

（1）形状。优质的铁观音条索卷曲、壮结、重实，呈青蒂绿腹蜻蜓头状。

（2）色泽。色泽砂绿翠润的为上品。

2. 内质审评

内质特征为香气清高馥郁，具天然的兰花香，汤色清澈金黄，滋味醇厚甘鲜，入口微苦，立即转甘，“音韵”明显，耐冲泡，叶底开展，肥厚软亮，匀整，边缘下垂，青翠显红边。如加工不当容易出现成品茶滋味淡薄，香气低短，味苦涩带青气等问题。

3.10 冻顶乌龙

3.10.1 冻顶乌龙的产地特征

1. 地理位置

冻顶乌龙产于台湾省南投县鹿谷乡。南投县位于台湾的中央，为全省心脏地带，地形呈长方形，位于北纬 23°26′～24°17′，东经 120°36′～121°20′。县内山多平原少，有“山岳县”之称。台湾五大山系中，其中有三大山系（中央山脉、玉山山脉及阿里山山脉）贯穿该县。

2. 气候特征

产区年平均气温为 23.7℃，全年以 2 月的气温最低，平均为 15.45℃。全年气候温和，冬暖夏凉，无狂风暴雨，有辽阔森林分布，空气清新。常年降水量在 2 300～2 600 mm，夏秋多台风雨及地形雨，夏秋降水约占全年的 70%，冬春季降水较少，雨季集中在 5—9

月，10 月至翌年 3 月是干季。常年相对湿度保持在 80%，全年相对湿度大于 80%的天数在 200 天左右。全年累计雾日 30～40 天，里山比外山多。海拔 800 m 左右的鹿谷乡春冬季经常晨雾笼罩，对于滋润茶树及提高茶叶品质极为有利。

3. 土壤特征

土壤主要为红棕壤土、黄棕壤土及石质土。

3.10.2 冻顶乌龙的茶树品种

冻顶乌龙的茶树品种主要为青心乌龙种，另有少部分的软枝乌龙种。

1. 青心乌龙

青心乌龙是台湾小叶种中的四大名种之一，用它制作的冻顶茶品质最优。青心乌龙树型较小，属于开张型，枝叶密生，叶形较圆长，叶尖较狭，色泽较青翠，枝条也较柔软。成品味圆润，稍带刺激性，香气较清扬，有一种甜香。

2. 软枝乌龙

软枝乌龙的树型秀小，圆丰而结实，树老化后枝条即不再柔软，叶形圆厚而长，色泽深翠而较无光泽。成品味圆润甘甜不具刺激性，香气沉厚甘醇。但成活率及收成量较低，仅为其他品种的 50%。

3.10.3 冻顶乌龙的采制技术

1. 采摘

（1）采摘时间以开面后 1、2 日，其下二、三叶叶片尚未硬化时最为理想。

（2）采摘的青叶宜分 3 次处理，即分为早青（上午 10 时以前采的青叶）、中午青（上午 10 时以后至下午 3 时以前采的青叶）和晚青（下午 3 时以后采的青叶）。

（3）隔夜的青叶很难加工出高品质的茶叶，故要严格控制青叶的数量，以当日制完为原则，入厂后青叶应尽快摊薄散热，以免发热变红，尤其是初秋高温季节应特别注意。

2. 加工工艺

（1）萎凋。选用日光萎凋或加温萎凋，视天气而定。鲜叶要薄摊，每平方米摊 1 kg 左右，日晒温度以 30～35℃为宜，温度过高时可用纱绸遮阳，历时一般为 10～29 min，中间轻翻 2～3 次。室内加温萎凋用萎凋槽，摊叶厚度 5～10 cm，热风温度 35～38℃，风速 40～80 m/min，中间轻翻 2～3 次。当失水 4%～9%，用手触摸青叶有天鹅绒般的柔软感，并已发出一种清香，且第二叶已失去光泽时即可停止萎凋。

（2）做青。即室内萎凋工艺，包括静置与搅拌。经日光萎凋的鲜叶移至室内，先摊置 2 h，再进行做青。做青的次数一般为 3～5 次，每次历时 1～12 min，时间依次由短至长。每次做青后即予摊置，每次历时 60～90 min，摊置时间同样依次由长至短。

（3）炒青。锅温 160℃左右，炒青时间为 5～7 min，炒至手握叶子柔软，芳香透出，减重 35%～40%为适度。

（4）揉捻。揉捻时间以 5～10 min 为宜。一般先由揉捻机中压揉 6～7 min 后，再重压揉 3～4 min。应特别注意温度、时间及茶叶水分的适当配合。当叶中温度高于 60℃，揉捻时间达 10 min 以上时，有随时使茶叶产生“闷味”的危险，应特别小心。

（5）解块。揉捻后要解散茶叶中出现的团块，以利于干燥均匀。茶叶经解块后在 30 min 内应立即干燥，以免茶叶继续发酵变红。

（6）干燥。初干温度以 110～115℃为宜。烘至以手握茶叶感觉刺手，含水率为 30%～35%为宜。茶叶初干后置筛笋上摊凉，使茶叶本身水分均匀渗透于外，以便进行整形再揉。

（7）整形再干燥。将初干后茶叶置锅中炒热至 160℃左右，然后装入特制布袋中，将布袋结紧后再反结，然后送入布球形揉捻机中揉捻三次，各次时间依次为 5 min、10 min、15 min，每次揉毕取出时应将布袋重新结紧，再放入揉捻机。茶叶揉过三次后，要将茶叶从袋中倒出，再放入台湾锅中烘热，然后与前法相同再次揉捻三次。待第二回揉捻后即可放置于干燥机中（高级茶宜用焙笼干燥）烘干，包装后即为成品冻顶乌龙茶。

3.10.4 冻顶乌龙的品质特点

外形卷曲呈半球形，色泽翠绿油润有光泽。干茶具强烈芳香，冲泡后清香明显，带自然花香，汤色蜜黄（金黄），清澈而鲜亮，滋味醇厚甘润，富活性，回韵强，叶底翠绿完整，略有红边。

3.10.5 冻顶乌龙的审评方法

1. 外形审评

（1）形状。优质的冻顶乌龙条索自然卷曲呈半球形，整齐紧结。

（2）色泽。色泽翠绿油润有光泽的为上品。

2. 内质审评

内质特征为清香明显，带自然花香，汤色金黄中带绿意，清澈明亮，滋味醇厚甘润，富活性，回韵强，叶底翠绿完整，略有红边。如加工不当容易出现成品茶香低味淡的问题。

职业技能鉴定要点

行为领域	鉴定范围	鉴定点	重要程度
理论准备	西湖龙井的品鉴	产地	★
		茶树品种	★
		采制技术	★★
		品质鉴别	★★★
		审评方法	★★★

续表

行为领域	鉴定范围	鉴定点	重要程度
理论准备	碧螺春茶的品鉴	产地	★
		茶树品种	★
		采制技术	★★
		品质鉴别	★★★
		审评方法	★★★
	黄山毛峰的品鉴	产地	★
		茶树品种	★
		采制技术	★★
		品质特点	★★★
		审评方法	★★★
	信阳毛尖的品鉴	产地	★
		茶树品种	★
		采制技术	★★
		品质特点	★★★
		审评方法	★★★
	太平猴魁的品鉴	产地	★
		茶树品种	★
		采制技术	★★
		品质特点	★★★
		审评方法	★★★
	六安瓜片的品鉴	产地	★
		茶树品种	★
		采制技术	★★
		品质特点	★★★
		审评方法	★★★
	君山银针的品鉴	产地	★
		茶树品种	★
		采制技术	★★
		品质特点	★★★
		审评方法	★★★

续表

行为领域	鉴定范围	鉴定点	重要程度
理论准备	祁门红茶的品鉴	产地	★
		茶树品种	★
		采制技术	★★
		品质特点	★★★
		审评方法	★★★
	铁观音的品鉴	产地	★
		茶树品种	★
		采制技术	★★
		品质特点	★★★
		审评方法	★★★
	冻顶乌龙的品鉴	产地	★
		茶树品种	★
		采制技术	★★
		品质特点	★★★
		审评方法	★★★
技能训练	西湖龙井品鉴	品质评定	★★
		审评方法（外形、内质）	★★★
	碧螺春茶品鉴	品质评定	★★
		审评方法（外形、内质）	★★★
	黄山毛峰品鉴	品质评定	★★
		审评方法（外形、内质）	★★★
	信阳毛尖品鉴	品质评定	★★
		审评方法（外形、内质）	★★★
	太平猴魁品鉴	品质评定	★★
		审评方法（外形、内质）	★★★
	六安瓜片品鉴	品质评定	★★
		审评方法（外形、内质）	★★★
	君山银针品鉴	品质评定	★★
		审评方法（外形、内质）	★★★
	祁门红茶品鉴	品质评定	★★
		审评方法（外形、内质）	★★★

续表

行为领域	鉴定范围	鉴定点	重要程度
技能训练	铁观音品鉴	品质评定	★★
		审评方法（外形、内质）	★★★
	冻顶乌龙品鉴	品质评定	★★
		审评方法（外形、内质）	★★★

单元测试题

一、判断题（下列判断正确的请打“√”，错误的打“×”）

1. 凡是外形扁平的茶叶都是龙井茶。（　）

2. 龙井茶摊放的目的是散发青草气，增进茶香，减少苦涩味。（　）

3. 碧螺春茶产于江苏苏州吴县的太湖洞庭山，有西山和东山之分，以东山品质为佳。（　）

4. 碧螺春茶在杀青之前，首先要进行拣剔过程。拣剔过程也是一个轻萎凋的过程，有利于香气的形成。（　）

5. “象牙色”和“金黄片”是黄山毛峰区别于其他毛峰的两大明显特征。（　）

6. 特级黄山毛峰的采摘标准为一芽一叶，一芽二叶初展。（　）

7. 本山种也称桂花种、信阳种，很适合制作名茶信阳毛尖。（　）

8. 信阳毛尖加工工序中的熟锅主要是起杀青、初揉的作用。（　）

9. 猴魁和魁尖制法基本相同，外形也相似。所以采制技术精湛的魁尖品质也和猴魁相近。（　）

10. 太平猴魁品质成形的关键在于烘干过程，主要分为子烘、老烘两个过程。（　）

11. 六安瓜片在毛火工序时，老片、嫩片分别进行，一般老片需薄摊，嫩片可稍厚。（　）

12. 君山银针，唐代称“黄翎毛”，因茶叶满披茸毛，底色金黄，冲泡后像黄色羽毛根根竖立而得名。（　）

13. 君山银针初烘程序要掌握得当，若烘得过湿，则会造成成茶香气低闷，色泽发暗。（　）

14. 用槠叶种制成的祁门红茶，滋味醇厚甜润，回味隽厚，具有果香或似花香的独特香气，俗称“祁门香”。（　）

15. 祁门红茶揉捻时需掌握嫩叶重揉，老叶少揉的原则。（　）

16. 祁门红茶发酵过度会造成香气低闷，叶底深暗不亮，多乌条。（　）

17. 铁观音茶可分四季采制，分别为春茶、夏茶、秋茶和冬茶。（　）

18. 冻顶乌龙的茶树品种主要为青心乌龙种。（ ）

19. 冻顶乌龙茶加工工艺中，揉捻后需解块，解块后茶叶通常于 30 min 内立即干燥，以免茶叶继续发酵变红。（ ）

二、单项选择题（下列每题的选项中，只有 1 个是正确的，请将其代号填在横线空白处）

1. ________有所谓的“熟板栗香”。
   A. 黄山毛峰　B. 信阳毛尖　C. 碧螺春茶　D. 六安瓜片
2. 有“红丝线”之称的是________。
   A. 顾渚紫笋　B. 六安瓜片　C. 太平猴魁　D. 君山银针
3. 太平猴魁采摘中的四拣，其中________是决定成茶规格的重要一环。
   A. 拣山　B. 拣棵　C. 拣枝　D. 拣尖
4. ________品种最适制高档龙井茶。
   A. 龙井 43　B. 鸠坑种　C. 龙井长叶种　D. 本山种
5. ________的叶底肥厚明亮，具绸面光泽。
   A. 武夷肉桂　B. 大红袍　C. 铁观音　D. 冻顶乌龙
6. 六安瓜片的外形特征独特，其具体表现在________。
   A. 芽叶肥壮，多毫有锋，形似雀舌
   B. 单片顺直匀整，叶片背卷平展，形似瓜子
   C. 外形挺直两头尖，条索扁平有锋苗
   D. 条形似松针，细紧圆直
7. 信阳毛尖的________工序是做条整形，发挥香气、滋味的关键工序。
   A. 生锅　B. 熟锅　C. 初烘　D. 摊凉
8. 蜜蜂腿是形容________的形状特征。
   A. 黄山毛峰　B. 信阳毛尖　C. 碧螺春茶　D. 祁门红茶
9. ________有“金镶玉”的美称。
   A. 黄山毛峰　B. 六安瓜片　C. 君山银针　D. 铁观音
10. 冻顶乌龙在日光萎凋工序中，以________的日晒温度为宜。
    A. 20～25℃　B. 25～30℃　C. 30～35℃　D. 35℃以上
11. “扳片”是________品质形成的重要步骤。
    A. 六安瓜片　B. 太平猴魁　C. 黄山毛峰　D. 碧螺春

三、多项选择题（下列每题的选项中，至少有 2 个是正确的，请将其代号填在横线空白处）

1. 黄山毛峰的加工工序主要有________。
   A. 杀青　B. 萎凋　C. 揉捻　D. 辉锅
   E. 搓团　F. 初烘　G. 做青　H. 足烘

2. 祁门红茶若发酵过度，会导致________。

A. 香气低闷　　B. 色泽不红　　C. 叶底花青

D. 叶底深暗不亮　　E. 叶底多乌条　　F. 滋味淡薄

3. 碧螺春茶的外形特征是________。

A. 条索纤细　　B. 挺直光滑　　C. 条索紧结

D. 茸毛披覆　　E. 卷曲呈螺　　F. 银绿隐翠

4. 太平猴魁茶叶在采摘的时候，要严格做到“四拣”，具体指________。

A. 拣山　　B. 拣棵　　C. 拣叶

D. 拣枝　　E. 拣尖　　F. 拣片

5. 适制信阳毛尖的茶树品种有________。

A. 鸠坑种　　B. 本山种　　C. 柿大茶种

D. 大瓜子种　　E. 白毫早　　F. 银针 1 号

6. 冻顶乌龙茶的品质特点是________。

A. 外形卷曲呈半球形　　B. 色泽墨绿油润有光泽

C. 条索卷曲、壮结、重实　　D. 汤色蜜黄，清澈鲜亮

E. 滋味醇厚甘润　　F. 叶底翠绿完整，略有红边

7. ________工序是铁观音茶的加工工艺。

A. 凉青　　B. 杀青　　C. 做青

D. 炒青　　E. 烘青

四、匹配连线题

1. 不同的茶叶都有不同的适制茶树品种，请将下列茶树品种和茶叶相匹配。

（1）柿大茶种　　（　　）

（2）本山种　　（　　）

（3）银针 1 号　　（　　）

（4）大瓜子种　　（　　）

A. 信阳毛尖　　B. 君山银针　　C. 六安瓜片　　D. 太平猴魁

2. 龙井茶外形审评时常见弊病有宽松、浑条、弯曲等，请将各评语正确匹配。

（1）宽松　　（　　）

（2）浑条　　（　　）

（3）直狭长　　（　　）

（4）弯曲　　（　　）

A. 不扁平，条形过于细紧　　B. 形状不紧，边缘不尖削

C. 不平滑挺直　　D. 扁茶浑圆，不扁似棍而圆

3. 请将下列君山银针的加工工序按顺序正确排序。

摊青、初烘、摊凉、初包发酵、复包发酵、杀青、复烘与摊凉、拣选、足火

4. 在信阳毛尖不同的加工工序中，锅温各不相同，请将它们正确匹配。

（1）生锅　　（　　）

（2）熟锅　　（　　）

（3）初烘　　（　　）

（4）复烘　　（　　）

（5）再复烘　　（　　）

A. 60～65℃　B. 60℃　C. 80～100℃　D. 140～160℃　E. 80～90℃

5. 请将下列评茶术语和相应的茶叶正确连线。

条索纤细、茸毛披覆、卷曲呈螺　　黄山毛峰

形似雀舌、匀齐壮实、峰显毫露　　六安瓜片

条索细、紧、直，色泽翠绿油润，白毫显露　　信阳毛尖

单片顺直匀整，叶边背卷平展，形似瓜子　　碧螺春茶

五、简答题

1. “银绿隐翠、茸毛密布”这两条评语是用在什么茶上的？表示什么含义？

2. 西湖龙井与其他龙井应如何区别？

3. 试述君山银针加工工序中其品质形成的关键工序。

4. 试述祁门红茶发酵过度和发酵不足对其品质的影响。

单元测试题答案

一、判断题

1. ×　2. √　3. ×　4. √　5. √　6. ×　7. √　8. ×　9. ×　10. ×　11. ×　12. √　13. √　14. √　15. ×　16. ×　17. ×　18. √　19. √

二、单项选择题

1. B　2. C　3. D　4. A　5. C　6. B　7. B　8. C　9. C　10. C　11. A

三、多项选择题

1. ACFH　2. ADEF　3. ADEF　4. ABDE　5. BE　6. ABDEF　7. ACD

四、匹配连线题

1. DABC　2. BDAC　3. 摊青→杀青→摊凉→初烘→初包发酵→复烘与摊凉→复包发酵→足火→拣选　4. DCEAB

5. 条索纤细、茸毛披覆、卷曲呈螺——信阳毛尖

形似雀舌、匀齐壮实、峰显毫露——黄山毛峰

条索细、紧、直，色泽翠绿油润、白毫显露——六安瓜片

单片顺直匀整，叶边背卷平展，形似瓜子——碧螺春茶

五、简答题

1. 答：这两条评语用于碧螺春茶的外形特征描述。银绿隐翠是指在白色茸毛遮掩下，通过光线照射有类似翡翠的色泽。茸毛密布是指芽叶毫毛覆盖茶条，与茸毛披覆同义。通常为高档碧螺春茶所用评语。

2. 答：西湖龙井与其他龙井可以从以下几方面来区别：

(1) 地域不同。西湖龙井基地有明显的界定地域，产区属典型的亚热带季风气候，生态环境优越，十分利于茶树的生长发育。

(2) 形状不同。西湖龙井外形扁平光滑、挺直尖削、整齐和谐，以“形美”给人以赏心悦目的感觉，其他龙井形状无论是扁平尖削程度还是匀齐程度都不及西湖龙井。

(3) 色泽不同。西湖龙井的色泽总体上嫩绿鲜润，但各区域的茶叶各具特征。如狮峰龙井，绿中透黄，呈绿“糙米色”，也可称“宝光色”。而梅坞龙井则呈翠绿色。

(4) 香气滋味不同。西湖龙井的香气清香鲜爽，幽而不俗，沁人肺腑。滋味鲜醇甘爽，无涩苦感，饮后满口留韵。仿龙井茶口感没有甘甜鲜爽的滋味，口感较浓或涩，有的还有粗青味，香气也较平淡。

3. 答：君山银针属黄茶类，所以其加工工艺中的关键工序为初包发酵，也就是初包闷黄工序。具体操作为：初烘叶经摊凉后，用牛皮纸包好，每包 1.5 kg 左右，置于铁桶或枫木箱中，放置 40～48 h。每包茶叶的量要合适，太多则化学变化剧烈，芽易发暗；太少则变色缓慢，难以达到初包的要求。由于包闷时氧化放热，包内温度逐升，24 h 后可能达 30℃左右，因此，应及时翻包，以使转色均匀。通过初包，君山银针的品质风格基本形成。

4. 答：发酵过程是祁门红茶品质形成的关键。若发酵过度，会造成香气低闷，色泽深红带褐，汤色暗而浊，叶底深暗不亮，多乌条，滋味平淡。若发酵不足，会造成香气不纯，带青气，色泽不红，汤色泛青，叶底花青，滋味青涩。

第 4 单元

茶叶理化检测

引导语

茶叶的理化检测项目有很多，常见的有水分、灰分、粉末、水浸出物、粗纤维、蛋白质、氨基酸、金属元素、放射性污染物、农药残留等。其中，常规理化检测项目主要是水分、灰分、粉末。本节主要介绍茶叶常规理化检测项目中的水分、灰分的检验方法——恒重法（仲裁法）的操作程序以及水分、灰分和粉末与品质的关系。

学习要点

熟练掌握

茶叶水分、灰分检测的取样方法；水分 103℃ 恒重法（仲裁法）、灰分 525℃ 恒重法（仲裁法）的操作程序；水分、灰分、粉末的含量与品质的关系

熟悉

检测数据的记录要求及数据的处理方法

4.1 取样

取样是检测工作的第一步，也是非常关键的一步。如果取样不符合要求，所取的样品没有代表性，就会导致取样工作的失败，同时也会给后面的检测工作带来严重的后果。因此，取样工作看起来比较简单，但却非常重要，取样时必须严格按照取样的操作规程进行，取得具有代表性的样品，送实验室检测。

送到实验室的样品一般都比较多，必须进行逐步缩分或将样品充分混匀，然后再从不同的部位取出供实验所需数量的样品。压制茶则应直接从不同的部位取出一定数量的样品，经充分混匀后，再从不同的点取出供实验使用。

4.2 茶叶水分的检测方法及与品质的关系

4.2.1 茶叶水分的定义

茶叶水分是指在规定温度的空气中，茶叶试样加热时的重量损失，习惯上称为水分。它是影响茶叶品质变化速度快慢的重要指标之一，也是茶叶内、外销市场主要理化检测项目。特别是外销茶，水分含量的多少直接影响该批茶叶是否能够顺利出口。经国家设在当地的出入境检验检疫局检验后，如果水分含量超过出口限量指标，就会判定为不合格茶叶。茶叶出口公司必须对该批出口茶叶进行返工处理，经复火加工后，再次检测其水分含量，达到出口限量指标要求后，才能出口。否则，就必须再次进行返工处理，重新申报检验，经重新检验合格后方可出口。可见，茶叶水分的含量对茶叶的质量起着至关重要的作用。

4.2.2 茶叶水分检测方法

茶叶水分检测方法很多，有烘箱法、容量法、氯化钠试纸检定法、电测法、红外线法等。一般情况下，企业或检验部门都是采用烘箱法，但有些企业为了使水分检测速度快，能及时为不同生产阶段提供具体的水分含量，所以常采用快速测定仪来测定水分，但快速测定仪测定的结果准确度稍差一些，因此，目前仍只能作为生产加工的参考依据，最终检测成品时还是要用烘箱法。目前，国际标准化组织以及我国的国家标准和行业标准都规定了茶叶水分检测方法要采用烘箱法。根据检验的温度和烘干时间不同，烘箱法又可分为三种，分别是120℃ 1 h烘箱法（快速法）、130℃ 27 min烘箱法（快速法），以及本节主要介绍的103℃恒重法（仲裁法）。

用已称重的干燥烘皿称取试样约10 g（如是压制茶可用手工或工具分取试样，混匀后称取），精确到0.001 g，然后连同打开的皿盖，一同放入（103±2）℃烘箱内烘4 h，取出烘皿加盖置于干燥器内，冷至室温，称重。再放入烘箱内保持（103±2）℃烘1 h，取出，在干燥器内冷却，称重。重复此过程，直到两次连续称重之差不超过0.005 g，取最小称量值。

水分含量百分率按下式计算：

$$X=\frac{G_1-G_2}{G_1-G_0}\times 100\%$$

式中 X——水分含量，%；

G_1——试样和烘皿烘前重，g；

G_2——试样和烘皿烘后重，g；

G_0——烘皿重，g。

茶叶水分含量百分率精确到小数点后一位。

测定应做双试验。同一分析者同时或相继进行两次测定的结果之差，每 100 g 试样不得超过 0.2 g。

4.2.3 茶叶水分与品质的关系

茶叶水分含量高低虽然不是决定茶叶品质好坏的唯一指标，但它是影响茶叶品质变化速度快慢的决定性因素。不管是什么类茶叶，水分含量高低都会直接对茶叶品质造成影响。一般来说，水分含量高的茶叶，茶叶中的化学物质氧化、陈化速度较快，因此，其品质下降也快，这对保护茶叶品质不利。相反，水分含量低的茶叶，茶叶中的化学物质氧化、陈化速度较慢，因此，其品质下降的速度也慢，对保护茶叶品质有利。但是，如果茶叶的水分含量过低，也会影响茶叶的品质。水分含量过低的茶叶，容易被折断成为短条或碎片，对茶叶的外形影响较大，降低了茶叶的等级规格。黑茶中的普洱茶要求则是一个特例，它必须有一个后陈化阶段，需要一定的含水量，这样对茶叶中的物质进行后陈化有帮助，能促使茶叶品质特征的快速形成。但也不是水分含量越高越好，水分含量过高，微生物活动过于激烈，茶叶就容易发霉，直接影响茶叶的卫生质量，微生物含量超标的茶叶也属于劣质茶叶。因此，茶叶水分含量必须按要求控制在允许的范围内。

4.3 茶叶灰分的检测方法及与品质的关系

4.3.1 茶叶总灰分的定义

茶叶的总灰分（通常也称灰分）是指在规定的温度下，试样经灼烧完全灰化后所得到的残留物，它的原理是在规定的温度下，灼烧灰化，将有机物分解除去，达到衡重。茶叶总灰分的含量一般为 4.5%～6.5%，茶叶灰分含量过高或过低，都不能代表茶叶灰分的真实含量，所以世界上部分国家规定了各类茶的灰分含量限量指标，国际茶叶标准中也规定了茶叶灰分的限量指标为 3%～8%。一般来说，正茶的灰分含量要比副茶低一些，因为正茶中含有的杂质少，而副茶中含有的杂质则多一些，所以，正茶的灰分限量指标低于副茶。

4.3.2 茶叶灰分检测方法

根据采用的温度和灼烧时间的不同，茶叶灰分的测定方法分为两种。一种为快速法，

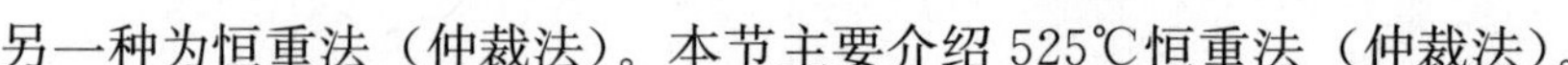

另一种为恒重法（仲裁法）。本节主要介绍 525℃恒重法（仲裁法）。

用已称重的坩埚称取磨碎的试样约 2 g（精确至 0.001 g），然后放在电炉上缓慢加热，使试样充分炭化至无烟为止，将坩埚移入高温电炉中保持（525±25)℃，灼烧至无炭粒（通常至少需 2 h）停止加热，待炉温降至 200℃时，取出坩埚置于干燥器内冷却，称重，精确至 0.001 g，再将坩埚移入高温电炉内，以（525±25)℃灼烧 1 h，取出，冷却，称重。再重复以（525±25)℃灼烧，每次 30 min，取出，冷却，称重，重复此操作过程，直至两次连续称重之差不超过 0.001 g 为止。取最小称重。

茶叶灰分含量百分率按下式计算：

$$X=\frac{G_2-G_0}{G_1-G_0}\times 100\%$$

式中 X——灰分含量，%；

G_1——试样和坩埚（或瓷舟）灼烧前重，g；

G_2——试样和坩埚（或瓷舟）灼烧后重，g；

G_0——坩埚（或瓷舟）重，g。

茶叶灰分含量百分率取到小数点后一位。

测定应做双试验。同一分析者同时或相继进行两次测定的结果之差，每 100 g 试样不得超过 0.2 g。

4.3.3 茶叶灰分与品质的关系

茶叶灰分既是茶叶品质的重要检测内容之一，也是茶叶卫生质量好坏的重要判定指标。茶叶灰分含量应在一定的范围之中，过高或过低都属于不正常现象。灰分含量过高或过低，首先反映了茶叶的真假，在正常情况上，茶树这种植物的灰分含量为 4.5%～6.5%，超出这个范围，可能不是茶树的芽叶制作的，或许茶叶中含有大量的其他物质；其次反映了茶叶中非茶类夹杂物含量的高低，也说明了茶叶卫生质量的好坏。一般来说，灰分含量过高的茶叶，其非茶类夹杂物含量高，卫生质量就差，也有可能是假茶；过低，则可能是已冲泡后的茶叶的叶底经过再加工后的劣质茶或是假茶。

所以，茶叶标准中对灰分含量作了严格的规定。特别是出口茶叶，国家质量监督检验检疫总局把茶叶灰分含量作为出口茶叶的必检项目之一，超过出口限量指标的茶叶不得进行复验，直接判定为不合格，一律不得出口。

4.4 茶叶粉末的定义及与品质的关系

4.4.1 茶叶粉末的定义

所谓茶叶粉末是指通过规定标准筛的筛下物。它是根据茶叶的不同类别、不同的花色，通过不同规格的筛网来进行测定的。不同的茶类，对粉末含量的要求是不同的，即限量指标不同。

4.4.2 茶叶粉末与品质的关系

茶叶粉末是茶叶品质高低的重要判定因子之一。茶叶在初制过程中，由于力的作用，将不可避免地产生一些细碎的片、末茶。这些细碎片、末茶的存在直接影响到茶叶的外形美观和内在质量。因此，为了保证茶叶的外形和内质不受粉末的影响或减少影响，就必须将粉末含量控制在检验标准中对粉末含量的限量指标之内，超过限量指标的茶叶必须进行返工整理。

4.5 数据记录及处理

4.5.1 茶叶水分、灰分和粉末记录表格设计及记录要求

1. 茶叶水分、灰分、粉末检验记录表格设计

（1）表头。要求列明检验茶叶所属的单位及检验项目。

（2）内容。要求列明样品名称或茶号（等级）、生产批次、实验序号、检验日期、检验员姓名和复核人姓名等。

具体检验记录表见表 4—1、表 4—2、表 4—3。

表 4—1 **茶叶水分检验原始记录表**

××公司茶叶水分检验原始记录

样品名称：________ 批号：________

	试验次数	第一次实验	第二次实验
称量记录	容器号码		
	质量（容器+样品）(g)		
	容器质量（g）		
	样品质量（g）		
	烘后质量（容器+样品）(g)		
	水分质量（g）		
	水分百分率（%）		
	水分平均百分率（%）		
备注			

复核人：________ 检验员：________ 检验日期：________

表 4—2　　　　　　　　茶叶灰分检验原始记录表

××公司茶叶灰分检验原始记录

样品名称：________　　　　　　　　　　　批号：________

	试验次数	第一次实验	第二次实验
称量记录	坩埚号码		
	质量（坩埚＋样品）（g）		
	坩埚质量（g）		
	样品质量（g）		
	烧后质量（坩埚＋灰分）（g）		
	灰分质量（g）		
	灰分百分率（%）		
	灰分平均百分率（%）		
	干态计算		
备注			

复核人：________　　　　检验员：________　　　　检验日期：________

表 4—3　　　　　　　　茶叶粉末检验原始记录表

××公司茶叶粉末检验原始记录

样品名称：________　　　　　　　　　　　批号：________

	试验次数	第一次实验	第二次实验
称量记录	试验号码		
	试样质量（g）		
	筛下物质量（g）		
	粉末平均百分率（%）		
备注			

复核人：________　　　　检验员：________　　　　检验日期：________

2. 茶叶水分、灰分、粉末检验记录要求

（1）记录的数据要清晰，不得随意涂改。

（2）要修改数据，要求先在原来的数据上划两道横线（要求能看清原数据）然后再将欲修改的数据写在旁边，最后盖好更改章或签上更改人员姓名。

（3）数据计算要求正确。

4.5.2 误差

1. 误差的定义

在介绍误差定义之前，首先要了解什么是真值。所谓真值是指一个量（或确定的目

标）在它被观测的瞬间条件下所具有的确切数（量）值，即通常所讲的真实值。

一般来讲，检测值并不是检测对象的真值，它只是客观情况下的一个近似结果。因此，任何一个物理量的真值都是很难得到的，但是可以通过某种方法来估计检测值的准确程度，或者说可以估计检测值与真值相差的程度。而这个相差的程度就是误差，即检测结果同真值之间的差值。

(1) 绝对误差。所谓绝对误差就是指检测值与真值之间的差值。

绝对误差虽然可以评价任一检测值的准确程度，但是相同的误差，由于被检测的量不同，检测结果的准确程度也就不一样。比如：分别用 1 g 和 100 g 的标准砝码检定甲、乙两台天平。它们的绝对误差值都等于 0.02 g，但是甲天平的被测量是 1 g。这个误差相对于 1 g 为 0.02，误差所占比例就比较大。但乙天平的被测量是 100 g，那么 0.02 相对于 100 g 为 0.000 2，这一误差所占比例就小得多。所以为了客观地反映测量结果的准确度，正确评价检测的质量，就必须引进相对误差这个概念。

(2) 相对误差。所谓相对误差就是检测的绝对误差与被测量的真值之比，通常用百分比表示。

在许多情况下，特别是被检测量不同的情况下，为了对检测结果做出更恰当的评价，通常会使用相对误差这个概念。但是必须注意，绝对误差是有单位的，它的单位与检测值所用的单位相同。而相对误差仅仅是一个比值，它是一个没有单位的量。

2. 误差的类型

一切检测结果总是不可避免地带有误差，误差是客观存在的，但作为一个检测人员，应当尽可能地减少误差，使自己检测结果准确。因此，必须了解误差产生的原因及一般规律。根据误差产生的原因和性质，可将误差分为系统误差和随机误差两大类。

(1) 系统误差。系统误差也称方法误差或固定误差。它是由固定的原因所造成的误差。该误差会在检测过程中按一定的规律重复出现，一般有一定的方向性，即检测值总是比真值偏高或偏低。它是检测结果中误差的主要来源。

系统误差又可分为仪器和试剂误差、操作误差和方法误差三类。

(2) 随机误差。随机误差又称为偶然误差，是由于一些偶然因素而引起的误差。产生这类误差的原因是不固定的，有时大，有时小，有时是正误差，有时又是负误差，有时是样品造成的，有时又是操作人员造成的。总之，随机误差的出现没有什么规律。

4.5.3 数据处理

1. 检测结果的准确性

(1) 准确度和精密度。有了上述有关误差的基本概念，就能对准确度和精密度有所了解，一般人们往往把这两个概念混为一谈，但在误差的理论中，准确度和精密度是完全不同的两个概念。

准确度是指检测结果与真值彼此接近的程度。具体地说，就是多次检测值的算术平均

值与真值符合的程度。通常用误差来表示准确度，即误差越小则检测结果越准，也就是准确度越高。

所谓精密度，则是在确定条件下，将实验步骤实施多次所得结果之间的一致程度。即一组检测值互相接近的程度。它是用以描述检测数据分散程度的指标。

（2）读取数据及计算过程的要求。进行称量工作时，首先要判定检测仪器的感量是否符合要求；其次，要正确读取称量数据。估计的数据要符合要求。

由于数据在计算过程中的取舍会影响最终结果的正确性。因此，在计算过程中不要轻易处理数据，如确因数据较多，给计算带来不便也应以不影响结果的正确性为原则进行处理。

2. 数据处理的方法

一般数据的处理应根据数据取位和精确度的要求，取到规定小数点的数据。通常情况下有很多取舍方法。

（1）“四舍五入”法。“四舍五入”法是最为简单的数据处理方法。这种方法在对数据精确度要求不高的情况下，可以采用。优点是简单、方便，容易掌握。

【例4—1】用“四舍五入”法将下列数据修约到小数点后一位。

7.542 ⟶ 7.5

6.456 ⟶ 6.5

7.391 ⟶ 7.4

（2）“四舍六入五单双”法。“四舍六入五单双”法是一种比较科学的数据处理方法。在这种方法中对于“五”的处理方法有：“五”前面是单数的均进位；“五”前面是双数且后面有数字时均进位；“五”后面全是零时，“五”舍去，不进位。这种方法对数据的准确度要求更高一些，掌握的难度也要比“四舍五入”法大一些。

【例4—2】用“四舍六入五单双”法将数据7.449 1修约到小数点后一位。

7.449 1 ⟶ 7.4

【例4—3】用“四舍六入五单双”法将数据7.664修约到小数点后一位。

7.664 ⟶ 7.7

【例4—4】用“四舍六入五单双”法将数据7.350 0修约到小数点后一位。

7.350 0 ⟶ 7.4

【例4—5】用“四舍六入五单双”法将数据7.450 01修约到小数点后一位。

7.450 01 ⟶ 7.5

【例4—6】用“四舍六入五单双”法将数据7.450 00修约到小数点后一位。

7.450 00 ⟶ 7.4

4.5.4 检测结果的重复性

1. 定性定义

用相同的方法，同一试验材料，在相同的条件下获得的一系列结果之间的一致程度。

相同的条件是指同一操作者，同一设备，同一实验室和短暂的时间间隔。

2. 定量定义

指一个数值，在上述条件下得到的两次实验结果之差的绝对值，以某个指定的概率低于这个数值。除非另外指出，一般指定的概率为 0.95。

4.5.5 检测结果的再现性

1. 定性定义

用相同的方法，同一试验材料，在不同的条件下获得的单个检测结果之间的一致程度。不同的条件是指不同的操作者，不同的设备，不同的实验室或不同的时间。

2. 定量定义

指一个数值，用相同的方法，同一试验材料，在上述的不同条件下得到的两次实验结果之差的绝对值，以某个指定的概率低于这个数值。除非另外指出，一般指定的概率为 0.95。

职业技能鉴定要点

行为领域	鉴定范围	鉴定点	重要程度
理论准备	取样	取样的代表性	★★
	水分检测及与品质关系	水分定义	★
		水分检测方法	★★★
		水分与品质的关系	★★★
	灰分检测及与品质关系	灰分定义	★
		灰分检测方法	★★★
		灰分与品质的关系	★★★
	粉末与品质关系	粉末定义	★
		粉末与品质的关系	★★
	记录及数据的处理	水分、灰分和粉末记录表格设计及记录要求	★★★
		数据处理	★★★
		误差	★★★
		检测结果的重复性	★★
		检测结果的再现性	★★
技能训练	取样	取样的代表性	★★
	水分检测	水分检测方法	★★★
		水分记录表格设计及记录要求	★★★
	灰分检测	灰分检验方法	★★★
		灰分记录表格设计及记录要求	★★★

续表

行为领域	鉴定范围	鉴定点	重要程度
技能训练	粉末检测	粉末记录表格设计及记录要求	★★★
	数据处理	数据处理	★★★
		检测结果的重复性	★★
		检测结果的再现性	★★

单元测试题

一、判断题（下列判断正确的请打"√"，错误的打"×"）

1. 茶叶常规的理化检测项目有水分、灰分和粉末等。 （ ）

2. 茶叶水分检测法中103℃恒重法是仲裁法。 （ ）

3. 检测茶叶水分称取试样时随意称取10 g即可。 （ ）

4. 茶叶灰分检测结果的高低也是评定茶叶卫生质量的一项指标。 （ ）

5. 称取茶叶灰分试样时，若发现天平的平衡气泡不在小圆圈内，不作调节也可直接称取试样。 （ ）

6. 所谓检测结果的再现性，就是用相同的方法，同一实验材料，在不同的条件下获得单个结果之间的一致程度。 （ ）

7. 所谓检测结果的准确性，就是多次检测值的算术平均值与真值符合的程度。 （ ）

8. 茶叶灰分也是反映卫生质量好坏的指标之一，所以茶叶灰分检测结果越低越好。 （ ）

9. 在检测茶叶粉末中，所有正茶都用一种筛网。 （ ）

10. 茶叶总灰分含量一般为4.5%～6.5%。 （ ）

二、不定项选择题（下列每题的选项中，可能有1个或1个以上是正确的，请将正确答案的代号填在横线空白处）

1. 就茶叶本身来讲，________越高，对品质保护越不利。

   A. 灰分　B. 水分　C. 粉末

2. 茶叶水分检测中，同一分析者同时或相继检测两次的检测结果之差，每100 g试样不得超过________g。

   A. 0.5　B. 0.3　C. 0.2

3. 用于检测茶叶水分的烘箱温度误差是________℃。

   A. ±25　B. ±2　C. ±5

4. 用525℃恒重法检测茶叶灰分时，直到两次连续称量之差不超过________，取最小值。

   A. 0.001 g　B. 0.005 g　C. 0.01 g

5. 茶叶粉末含量直接与茶叶的________有关。

A. 外形美观　　B. 茶叶重量　　C. 内在质量

6. 用于检测茶叶灰分的电子天平感量应为________。

A. 1.0 g　　B. 0.1 g　　C. 0.001 g

7. 茶叶水分常见的烘箱检测法有________。

A. 103℃恒重法　　B. 130℃ 27 min 快速法

C. 120℃ 1 h 检测法　　D. 红外线检测法

8. 在茶叶水分检测中，通常茶叶水分含量百分比应取的小数位数是________位。

A. 1　　B. 2　　C. 3

9. 茶叶水分仲裁法中，第一次取出称量时，试样在烘箱中已烘________ h。

A. 1　　B. 2　　C. 4

三、匹配题（请将匹配选项的代号填在括号中）

1. 请匹配各种茶叶水分限量指标。

（1）工夫红茶　　（　）

（2）红碎茶　　（　）

（3）茶片　　（　）

（4）花茶　　（　）

A. 7.5%　　B. 7.0%　　C. 8.0%　　D. 9.0%

2. 请匹配下列茶叶灰分限量指标。

（1）片茶（红茶）　　（　）

（2）普洱散茶　　（　）

（3）绿茶片　　（　）

A. 6.5%　　B. 7.5%　　C. 7.0%

3. 检测碎、片、末茶时，请匹配下列茶叶所用筛网对应的孔径。

（1）碎茶　　（　）

（2）片茶　　（　）

（3）末茶　　（　）

A. 450 μm　　B. 280 μm　　C. 180 μm

4. 匹配下列各茶与粉末的限量指标。

（1）工夫红茶　　（　）

（2）秀眉　　（　）

（3）珠茶　　（　）

（4）花茶茶片　　（　）

A. 2.0%　　B. 1.5%　　C. 1.0%　　D. 7.0%

5. 匹配用于检测茶叶水分、灰分和粉末称重试样所用的天平感量。

(1) 水分　　　　　　(　　)
(2) 灰分　　　　　　(　　)
(3) 粉末　　　　　　(　　)
A. 0.01 g　　B. 0.001 g　　C. 0.1 g

四、简答题

1. 简述茶叶水分含量与品质的关系。
2. 简述茶叶灰分含量与品质的关系。
3. 简述茶叶粉末含量与品质的关系。
4. 茶叶水分、灰分和粉末测定双试验，两次测定结果数据之差，每 100 g 试样不得超过多少？

单元测试题答案

一、判断题

1.√　2.√　3.×　4.√　5.×　6.√　7.√　8.×　9.×　10.√

二、不定项选择题

1.B　2.C　3.B　4.A　5.AC　6.C　7.ABC　8.A　9.C

三、匹配题

1. (1) A　(2) B　(3) C　(4) D
2. (1) A　(2) B　(3) C
3. (1) A　(2) B　(3) C
4. (1) A　(2) B　(3) C　(4) D
5. (1) A　(2) B　(3) C

四、简答题

1. 答：(1) 有直接关系，水分含量高的茶叶香味低，水分含量低的茶叶香味就高。

(2) 直接影响茶叶品质。水分高不利于茶叶长时间保管和储藏，水分低虽然有利于保护茶叶品质，但茶叶容易被折断，外形易被破坏，降低了茶叶的等级规格。

2. 答：(1) 灰分含量过高，反映了茶叶中无机夹杂物含量多，卫生状况不好。

(2) 灰分含量过低，说明这种所谓茶叶可能是其他植物制作的，不是真的茶叶。

(3) 一般茶叶灰分含量为 4.5%～6.5%，因此，灰分含量的高低也是鉴别茶叶品质的一个指标。

3. 答：(1) 粉末含量高，反映茶叶整碎度差，影响茶叶外形美观和内在质量。

(2) 合理的茶叶粉末含量是提高茶叶经济效益的一个有利措施。

4. 答：(1) 水分、灰分每 100 g 试样不得超过 0.2 g。

(2) 粉末 100 g 试样不得超过 0.5 g。

知识考核模拟试卷（一）

（时间为 90 min，满分为 100 分）

一、判断题（下列判断正确的请打“√”，错误的打“×”；每题 2 分，共 30 分）

1. 外形圆结，形似珍珠的为长炒青绿茶。（ ）
2. 长炒青绿茶的初制加工，大多采用滚筒杀青。（ ）
3. 平炒青和扁炒青的干茶外形相似。（ ）
4. 烘青绿茶具有“三绿”的特征。（ ）
5. 茶黄素是构成茶汤滋味鲜爽、刺激性强烈的重要成分。（ ）
6. 红茶茶汤均有冷后浑现象，其快慢程度与品质无关。（ ）
7. 水仙茶在初制时一般不经过包揉。（ ）
8. 凤凰单枞的干茶形状为条索粗壮，顶端扭曲。（ ）
9. 白茶的花色和品质是按加工级别来划分的。（ ）
10. 黑茶砖块形的有黑砖、花砖和茯砖。（ ）
11. 云南茶叶的发展时期是明代，当时最有名的茶为昆明大华茶、大理感通寺茶等。（ ）
12. 普洱茶加工过程中，渥堆时温度的高低是关键。（ ）
13. 普洱茶的品种有散茶、沱茶、圆茶、紧茶、饼茶等。（ ）
14. 普洱茶鲜叶香气的高低是影响普洱茶品质的重要因素。（ ）
15. 普洱茶的茶汤红浓明亮犹如“琥珀色”，但冲泡量过多时汤色发黑变浊。（ ）

二、单项选择题（下列每题的选项中，只有 1 个是正确的，请将其代号填在横线空白处；每题 2 分，共 20 分）

1. 贡熙属于________类绿茶。

   A. 圆炒青　　B. 长炒青　　C. 扁炒青

2. 高档圆炒青外形圆紧、匀称重实，面张略带盘花茶，稍有________。

   A. 白毫　　B. 茸毛　　C. 毫锋

3. 扁炒青类绿茶干茶外形叶质瘦薄无肉，扁而干瘪，审评术语称之为________。

   A. 扁干　　B. 扁瘪　　C. 瘪瘦

4. 绿茶因干茶受潮而含水率上升，其汤色亮度是________。

   A. 暗　　B. 亮　　C. 没有变化

5. 红碎茶茶汤滋味浓厚，刺激性强，审评术语称之为________。

   A. 浓烈　　B. 浓强　　C. 浓厚

6. 青茶特有的滋味特征是________。

A. 浓厚、醇和、鲜爽

B. 醇厚、鲜爽、回甘

C. 醇和、富有刺激性

7. 白毫银针福鼎制法，当新芽抽出时仅采下________。

A. 肥壮的叶片　　B. 肥壮的芽　　C. 肥壮的芽叶

8. 云南普洱茶属________。

A. 传统普洱茶　　B. 后发酵茶　　C. 储存处理普洱茶

9. 渥堆工序中，________是影响普洱茶品质形成的关键。

A. 原料　　B. 发酵时间长短　　C. 微生物转化反应

10. 鲜叶中的________是形成普洱茶品质的重要物质。

A. 香气　　B. 多酚类物质　　C. 叶子的鲜嫩度

三、匹配题（请将匹配选项的代号填在括号中；每题 4 分，共 20 分）

1.（1）茶叶形状的形成（　　）

（2）绿茶抑制酶的活动（　　）

A. 揉捻　　B. 杀青

2.（1）炒青绿茶汤色（　　）

（2）高档西湖龙井汤色（　　）

A. 碧绿色　　B. 绿黄色

3.（1）正山小种的香气（　　）

（2）正山小种中止发酵称为（　　）

（3）正山小种主产地（　　）

A. 福建崇安　　B. 过红锅　　C. 纯正的松烟味

4.（1）台湾青茶品种（　　）

（2）广东青茶品种（　　）

（3）福建青茶品种（　　）

A. 乌龙、包种

B. 凤凰单枞、水仙、乌龙

C. 铁观音、水仙、佛手、乌龙等

5.（1）小白茶用（　　）鲜叶原料制成

（2）寿眉用（　　）鲜叶原料制成

（3）贡眉用（　　）鲜叶原料制成

A. 群体种芽叶

B. 大白茶的嫩叶或一般芽叶

C. 群体种一芽二、三叶

四、简答题（每题 5 分，共 30 分）

1. 圆炒青在审评中应注意些什么？
2. 简述滇红工夫红茶品质特点和审评时重点。
3. 简述武夷岩茶的品质特征。
4. 简述白毫银针的制作工艺。
5. 简述珠兰花茶的窨制工艺。
6. 黑茶类紧压茶有哪些？

知识考核模拟试卷（二）

（时间为 90 min，满分为 100 分）

一、判断题（下列判断正确的请打“√”，错误的打“×”；每题 2 分，共 30 分）

1. 外形扁平光滑，茶条挺直的绿茶为扁炒青绿茶。（　）

2. 高档黄山毛峰的叶底形状为“雀舌形”。（　）

3. 珠茶的外形圆紧油润、颗粒重实、形态匀称，下段碎茶极少。（　）

4. 长炒青干茶身骨重，茶在手中有沉重感，审评术语称为圆结。（　）

5. 正山小种的香气有纯正的松烟香和类似桂圆汤的滋味。（　）

6. CTC 红碎茶的香气以醇厚为佳。（　）

7. 闽北青茶的香气属于果香型香气。（　）

8. 铁观音的干茶色泽为深绿型。（　）

9. 蒙顶黄茶外形微扁而直，芽整齐肥壮。（　）

10. 普洱茶最原始的解释就是普洱地方产的茶。（　）

11. 普洱茶在储藏过程中，不宜受阳光直射或雨淋，环境应清洁卫生通风，无其他异味即可。（　）

12. 普洱茶外形条索肥壮、紧实，色褐红；内质汤色红浓，陈香浓郁，滋味醇厚，经久耐泡。（　）

13. 鲜叶中的茶多酚类物质是形成普洱茶品质的重要物质。（　）

14. 现代普洱茶通过渥堆发酵技术，取代了原普洱茶长时间的后发酵过程，同时也称为熟普。（　）

15. 普洱茶根据加工工艺的不同，可分为散普、饼茶、沱茶、砖茶。（　）

二、单项选择题（下列每题的选项中，只有 1 个是正确的，请将其代号填在横线空白处；每题 2 分，共 20 分）

1. 茶叶中所含有的花青素，滋味________，对形成绿茶品质不利。

   A. 伴有苦味　　B. 伴有涩味　　C. 伴有酸味

2. 蒸青绿茶具有________品质特点，俗称“三绿”。

   A. 汤绿、色绿、叶绿

   B. 外形碧绿叶底绿

   C. 叶底绿汤绿

3. 出口绿茶中的眉茶与贡熙均属于________类茶。

   A. 半烘炒　　B. 炒青　　C. 烘青

4. 影响绿茶色泽的主要物质是________。

A. 茶黄素　　B. 叶绿素　　C. 茶多酚

5. 红碎茶茶汤加牛奶后呈________明亮。

A. 红黄　　B. 姜黄　　C. 红艳

6. 武夷岩茶的滋味一般以________为佳。

A. 浓厚、浓醇　　B. 浓纯、醇和　　C. 鲜爽、清淡

7. 湖南黑茶主产于________。

A. 湖南安化等　　B. 湖南长沙　　C. 沪宁乡

8. 以晒青毛茶为原料，增加渥堆工序，其产品称________。

A. 生普　　B. 半熟普　　C. 熟普

9. 黑茶成品分为砖块形和________两种。

A. 篓包形　　B. 散装型　　C. 紧压型

10. 黑茶渥堆是促进________化学变化。

A. 酶性　　B. 非酶性　　C. 纯酶性

三、匹配题（请将匹配选项的代号填在括号中；每题 4 分，共 20 分）

1.（1）（　）茶干茶形状属扁形类

（2）（　）茶干茶形状属圆形类

A. 珠茶　　B. 龙井

2.（1）高档西湖龙井叶底（　）色

（2）紫芽种鲜叶制成的绿茶叶底（　）色

A. 碧绿　　B. 黄绿

3.（1）红碎茶茶汤加牛奶后呈（　）色

（2）CTC 红碎茶汤色呈（　）色

A. 红亮　　B. 姜黄或乳白

4.（1）铁观音茶树品种产（　）茶

（2）乌龙茶茶树品种产（　）茶

（3）水仙种茶树品种产（　）茶

（4）色种茶树品种产（　）茶

A. 毛蟹、梅占、本山等　　B. 水仙

C. 乌龙　　D. 铁观音

5.（1）上等的普洱茶要求汤色（　）

（2）上等的普洱茶要求香气（　）

（3）上等的普洱茶要求滋味（　）

（4）上等的普洱茶要求叶底（　）

A. 红浓明亮　　B. 陈香或类似桂圆香

C. 醇和、回甘　　　　　　　　　　D. 嫩匀明亮

四、简答题（每题 5 分，共 30 分）

1. 扁炒青审评时应注意什么？
2. 简述 CTC 红碎茶品质和审评时应注意的内容。
3. 简述青茶审评的方法。
4. 白茶审评以什么为主？
5. 如何区分茯砖茶的品质优劣？
6. 简述特级西湖龙井的品质特征。

知识考核模拟试卷（一）答案

一、判断题

1.× 2.√ 3.× 4.× 5.√ 6.× 7.√ 8.× 9.× 10.√ 11.√ 12.× 13.√ 14.× 15.×

二、单项选择题

1.B 2.A 3.B 4.A 5.B 6.B 7.B 8.B 9.B 10.B

三、匹配题

1.（1）A （2）B

2.（1）B （2）A

3.（1）C （2）B （3）A

4.（1）A （2）B （3）C

5.（1）A （2）B （3）C

四、简答题

1.答：圆炒青初制加工中揉捻叶的成条率会直接影响外形成圆，所以应轻压或不加压适当多揉，并且不能揉碎或揉成糊状，这样干燥时容易成圆。

2.答：色泽棕褐，外形肥壮显露金毫，汤色红亮，香气浓郁，滋味浓醇回甘，叶底肥软，红匀明亮，滇红茶多酚含量高，茶味浓而耐泡，经三次冲泡还有茶味，嫩度是滇红内在品质的客观标准，所以审评重点是抓住嫩度。

3.答：外形条索粗壮紧实稍弯曲，色如蛙皮，滋味甘泽香气馥郁，具岩韵，茶汤金黄或橙黄，清澈艳丽，叶底软亮，有绿叶红镶边的特征。去绿茶之苦，无红茶之涩，性和不寒，香之益清，味之益醇。

4.答：选采头春肥壮芽梢。（1）先剥后晒，剥针—萎凋—干燥（烘干或晒干）。（2）先晒后剥，晒针—抽针—烘干。（3）毛茶筛分、捡剔。

5.答：先将珠兰鲜花折花、摊放。再与精选好的茶坯拼和、通花、复火、匀堆、装箱。

6.答：有黑砖、花砖、茯砖、青砖、康砖、金尖砖、湘尖砖、六堡茶、七子饼茶、普洱沱茶等。

知识考核模拟试卷（二）答案

一、判断题

1. √ 2. √ 3. √ 4. × 5. √ 6. × 7. √ 8. × 9. √ 10. √ 11. √ 12. √ 13. √ 14. √ 15. ×

二、单项选择题

1. A 2. A 3. B 4. B 5. B 6. A 7. B 8. C 9. B 10. B

三、匹配题

1. (1) B (2) A

2. (1) A (2) B

3. (1) B (2) A

4. (1) D (2) C (3) B (4) A

5. (1) A (2) B (3) C (4) D

四、简答题

1. 答：应注意色泽鲜绿程度，形态是否扁平，大小是否一致，外表不带茸毛，切忌灰暗枯黄，特别要强调外形良好。

2. 答：外形颗粒圆结或砂粒状，色泽棕红（褐），汤色红亮，香气新鲜高锐，滋味浓爽，叶底红亮，审评时应注重外形光洁，色泽油润，香味浓鲜，切忌颗粒上带筋皮毛，色枯，香味带粗香。

3. 答：有传统法和通用法，福建采用传统法，台湾和广东等地采用通用法。传统法的方法是：110 mL 钟形杯和审评碗，用茶量为 5 g，茶与水比例 1∶22，常用三次冲泡法。通用法的方法是：150 mL 的审评杯和容量略大于杯的审评碗，用茶量 3 g，茶与水比例 1∶50，冲泡 5 min 后，沥出茶汤审评。

4. 答：白茶审评侧重以外形嫩度为主，芽心肥，多茸毫为上；色枯瘦薄的为次。白茶的色泽、芽和叶背银白，叶面绿色的为上，暗黄为次，带猪肝色叶张的最差。其中春茶品质最好，夏茶最差，秋茶适中。

5. 答：看砖心内有否满布黄花，有者品质为上，少者为次，无者为劣，普带黑霉的为不合格产品。

6. 答：外形扁平光直，色泽嫩绿光润，汤色清澈绿亮，香气鲜嫩清高，滋味鲜爽甘醇，叶底细嫩成朵。

技能考核模拟试卷

茶叶审评师（国家职业资格三级）操作技能鉴定项目表

序号	项目名称	单元编号	单元内容		鉴定方式	抽选方法	配分	时限（min）	准备时限
1	茶叶审评（有2个对照茶样）	1.1	绿茶	准备工作	实操	抽选1个茶样	5	40	/
				摇盘			10		
				外形审评			30		
				内质审评			30		
				评定结果			20		
				结束工作			5		
		1.2	红茶	准备工作			5	40	/
				摇盘			10		
				外形审评			30		
				内质审评			30		
				评定结果			20		
				结束工作			5		
		1.3	青茶	准备工作			5	40	/
				摇盘			10		
				外形审评			30		
				内质审评			30		
				评定结果			20		
				结束工作			5		
		1.4	花茶	准备工作			5	40	/
				外形审评			10		
				摇盘			30		
				内质审评			30		
				评定结果			20		
				结束工作			5		
		1.5	黑茶	准备工作			5	40	/
				外形审评			10		
				摇盘			30		
				内质审评			30		
				评定结果			20		
				结束工作			5		
备注	茶类：绿茶（2个茶样）、红茶（2个茶样）、青茶（2个茶样）、花茶（1个茶样）、普洱散茶（1个茶样）								

茶叶审评师（国家职业资格三级）操作技能鉴定试题表

序号	试题代码			试题名称	完成时间	配分	难度系数
	项目	单元	题号				
1	1	1	1	龙井	40	100	
2			2	黄山毛峰	40	100	
3		2	1	祁红	40	100	
4			2	滇红	40	100	
5		3	1	水仙	40	100	
6			2	铁观音	40	100	
7		4	1	茉莉花茶	40	100	
8		5	1	普洱散茶	40	100	

茶叶审评师（国家职业资格三级）操作技能鉴定试题评分表

考生姓名：________ 准考证号：________ 200___年___月___日

试题名称编号		茶叶审评师三级			鉴定时限				40 min
评分要素		配分	等级	评分细则	评定等级				得分
					A	B	C	D	
1	准备工作、摇盘	15	A	倒样、分样、取样顺序正确 5分					
			B	摇盘正确 10分					
			C						
			D						
2	外形审评	30	A	称样等操作顺序正确 10分					
			B	外形形状、整碎评语正确 10分					
			C	净度、色泽评语正确 10分					
			D						
3	内质审评	30	A	规范操作 10分					
			B	香气、滋味评语正确 10分					
			C	汤色、叶底评语正确 10分					
			D						
4	评定结果	20	A	与对照样品质区别评语正确 10分					
			B	结论正确 10分					
			C						
			D						
5	结束工作	5	A	清理顺序正确 2分					
			B	评茶用具清洁 2分					
			C	器具归放正确 1分					
			D						
合计配分		100		合计得分					

考评员（签名）：________

等级	A（优）	B（良）	C（尚可）	D（差）
比值	1.0	0.8	0.6	0

评价要素：得分＝配分×等级比值

附录

茶叶感官审评术语

本附录中的术语摘自中华人民共和国国家标准《茶叶感官审评术语（The Terms of Tea Sensory Tests）》（GB/T 14487—1993）。该标准规定了一套评茶术语和定义，适用于我国各类茶叶的感官审评。

一、各类茶通用术语

术语类别	中文	英文	释义
1. 干茶形状术语	显毫（同义词：茸毛显露）	tippy	茸毛含量特别多
	锋苗	tip	芽叶细嫩，紧卷而有尖锋
	身骨	body	茶身轻重
	重实	heavy body	身骨重，茶在手中有沉重感
	轻飘	light	身骨轻，茶在手中分量很轻
	匀整（同义词：匀齐，匀称）	evenly	上中下三段茶的粗细、长短、大小较一致，比例适当，无脱档现象
	脱档	unsymmetry	上下段茶多，中段茶少，三段茶比例不当
	匀净	neat	匀整，不含梗朴及其他夹杂物
	挺直（同义词：平直）	straight	光滑匀齐，不曲不弯
	弯曲［同义词：钩曲（耳环）］	bend	不直，呈钩状或弓状
	平伏	flat and even	茶叶在盘中相互紧贴，无松起架空现象
	紧结	tightly	卷紧而结实
	紧直	tight and straight	卷紧而圆直
	紧实	tight and heavy	松紧适中，身骨较重实
	肥壮（同义词：雄壮）	fat and bold	芽叶肥嫩身骨重
	壮实	sturdy	尚肥嫩，身骨较重实
	粗实	coarse and bold	嫩度较差，形粗大而尚重实
	粗松	coarse and loose	嫩度差，形状粗大而松散
	松条（同义词：松泡）	loose	卷紧度较差
	松扁	loose and flat	不紧而呈平扁状

续表

术语类别	中文	英文	释义
1. 干茶形状术语	扁块	flat and round	结成扁圆形或不规则圆形带扁的块
	圆浑	roundy	条索圆而紧结
	圆直（同义词：浑直）	roundy and straight	条索圆浑而挺直
	扁条	flaty	条形扁，欠圆浑
	短钝（同义词：短秃）	short and blunt	茶条折断，无锋苗
	短碎	short and broken	面张条短，下段茶多，欠匀整
	松碎	loose and broken	条松而短碎
	下脚重	heavy lower parts	下段中最小的筛号茶过多
	爆点	blister	干茶上的突起泡点
	破口	chop	折、切断口痕迹显露
2. 干茶色泽术语	油润	bloom	干茶色泽鲜活，光泽好
	枯暗	dry dull	色泽枯燥，无光泽
	调匀	even colour	叶色均匀一致
	花杂	mixed	叶色不一，形状不一。此术语也适用于叶底
3. 汤色术语	清澈	clear	清净、透明、光亮、无沉淀物
	鲜艳	fresh brilliant	鲜明艳丽，清澈明亮
	鲜明	fresh bright	新鲜明亮。此术语也适用于叶底
	深	deep	茶汤颜色深
	浅	light colour	茶汤色浅似水
	明亮	bright	茶汤清净透明
	暗	dull	不透亮。此术语也适用于叶底
	混浊	suspension	茶汤中有大量悬浮物，透明度差
	沉淀物	precipitate	茶汤中沉于碗底的物质
4. 香气术语	高香	high aroma	茶香高而持久
	纯正	pure and normal	茶香不高不低，纯净正常
	平正	nomal	较低，但无异杂气
	低	low	低微，但无粗气
	钝浊	stunt	滞钝不爽
	闷气	sulks odour	沉闷不爽
	粗气	harsh odour	粗老叶的气息
	青臭气	green odour	带有青草或青叶气息

续表

术语类别	中文	英文	释义
4. 香气术语	高火	high-fired	微带烤黄的锅巴或焦糖香气
	老火	over-fired	火气程度重于高火
	陈气	stale odour	茶叶陈化的气息
	劣异气	gone-off and tainted odour	烟、焦、酸、馊、霉等茶叶劣变或污染外来物质所产生的气息。使用时应指明属何种劣异气
5. 滋味术语	回甘	sweet after taste	回味较佳，略有甜感
	浓厚	heavy and thick	茶汤味厚，刺激性强
	醇厚	mellow and thick	爽适甘厚，有刺激性
	浓醇	heavy and mellow	浓爽适口，回味甘醇，刺激性比浓厚弱而比醇厚强
	醇正	mellow and normal	清爽正常，略带甜
	醇和	mellow	醇而平和，带甜。刺激性比醇正弱而比平和强
	平和	neutral	茶味正常、刺激性弱
	淡薄（同义词：和淡，清淡，平淡）	plain and thin	入口稍有茶味，以后就淡而无味
	涩	astringency	茶汤入口后，有麻嘴厚舌的感觉
	粗	harsh	粗糙滞钝
	青涩	green and astringency	涩而带有生青味
	苦	bitter	入口即有苦味，后味更苦
	熟味	ripe taste	茶汤入口不爽，带有蒸熟或闷熟味
	高火味	high-fire taste	高火气的茶叶，在尝味时也有火气味
	老火味	over-fired taste	近似带焦的味感
	陈味	stale taste	陈变的滋味
	劣异味	gone-off and tainted taste	烟、焦、酸、馊、霉等茶叶劣变和污染外来物质所产生的味感。使用时应指明属何种劣异味
6. 叶底术语	细嫩	fine and tender	芽头多，叶子细小嫩软
	柔嫩	soft and tender	嫩而柔软
	柔软	soft	手按如绵，按后伏贴盘底
	匀	even	老嫩、大小、厚薄、整碎和色泽等均匀一致
	杂	uneven	老嫩、大小、厚薄、整碎和色泽等不一致
	嫩匀	tender and even	芽叶匀齐一致，嫩而柔软
	肥厚	fat and thick	芽头肥壮，叶肉肥厚，叶脉不露

续表

术语类别	中文	英文	释义
6. 叶底术语	开展	open	叶张展开，叶质柔软
	摊张	open leaf	老叶摊开
	粗老	coarse	叶质粗梗，叶脉显露
	皱缩	shrink	叶质老，叶面卷缩起皱纹
	瘦薄	thin	芽头瘦小，叶张单薄少肉
	薄硬	thin and hard	叶质老，瘦薄较硬
	破碎	broken	断碎，破碎叶片多
	鲜亮	fresh bright	鲜艳明亮
	暗杂	dull and mixed	叶色暗沉、老嫩不一
	硬杂	hard and mixed	叶质粗老、坚硬、多梗、色泽驳杂
	焦斑	scorch batch	叶张边缘、叶面或叶背有局部黑色或黄色烧伤斑痕

二、绿茶术语

术语类别	中文	英文	释义
1. 干茶形状术语	细紧	wiry	条索细长紧卷而完整，锋苗好。此术语也适用于红茶和黄茶干茶形状
	紧秀（同义词：苗秀）	tight and slender	紧细秀长、显露苗。此术语也适用于高档条细茶干茶形状
	蝌蚪形	tadpole shape	圆茶带尾，条茶一头粗
	圆头	roundy piece	条形茶中结成圆块的茶
	盘花	spiral	含芽尖，加工精细，炒制成椭圆形的颗粒
	卷曲	curly	呈螺旋状或环状卷曲。此术语也适用于黄茶干茶形状
	细圆	fine round	颗粒细小圆紧，嫩度好，身骨重实
	圆紧	round and tight	颗粒圆而紧结
	圆结	round and tightly	颗粒圆而结实
	圆整	round and normal	颗粒圆而整齐
	圆实	round and heavy	颗粒稍大，身骨较重实
	粗圆	coarse and round	颗粒稍粗大，尚成圆
	粗扁	coarse and flat	颗粒粗松带扁
	团块	round drop	颗粒大如蚕豆或荔枝核，多数为嫩芽叶黏结而成

续表

术语类别	中文	英文	释义
1. 干茶形状术语	扁瘪	flat and thin	叶质瘦薄无肉，扁而干瘪
	黄头（同义词：乌绿）	yellow head	叶质较老，颗粒圆结，色泽露黄
	扁削	sharp and flat	扁茶边缘如刀削过，不起丝毫皱褶
	尖削	sharp	扁削而尖锋显露
	扁平	flat	扁直平坦
	光滑	smooth	表面油润发亮
	光扁	smooth and flat	扁平光滑
	光洁	smooth and clean	表面尚油润发亮
	挺秀	tender and straight	挺直、显锋苗、造型秀美
	紧条	tightly	扁条过紧
	狭长条	narrow	扁条过窄、过长
	宽条	broad	扁条不紧过宽
	折叠	unflat	叶长不平呈皱叠状。此术语也适用于白茶干茶形状
	宽皱	broad and shrink	扁条折皱而宽松
	浑条	roundy leaf	扁条不扁呈浑圆状
	细直	fine and straight	细紧圆直、两端略尖、形似松叶
2. 干茶色泽术语	绿翠	green jade	碧绿青翠、鲜艳。此术语也适用于叶底
	嫩绿	tender green	浅绿嫩黄。此术语也适用于汤色和叶底
	深绿	deep green	绿得较深，有光泽
	墨绿	black green	深绿泛乌有光泽。此术语也适用于白茶干茶色泽
	绿润	green bloom	色绿而鲜活，富有光泽
	起霜	silvery	表面带银白色，有光泽
	银绿	silvery green	色深绿，表面银白起霜
	灰绿	greyish green	绿中带灰，光泽不及银绿。此术语也适用于白茶干茶色泽
	青绿	blueish green	绿中带青。此术语也适用于绿茶叶底色泽和乌龙茶干茶色泽
	黄绿	yellowish green	以绿为主，绿中带黄。此术语也适用于绿茶汤色和叶底；黄茶干茶和叶底的正常色泽及白茶不正常的干茶色泽
	绿黄	greenish yellow	以黄为主，黄中泛绿。此术语也适用于汤色和叶底

续表

术语类别	中文	英文	释义
2. 干茶色泽术语	露黄	little yellow	面张含有少量黄朴、片及黄条
	灰黄	greyish yellow	色黄带灰
	枯黄	dry yellow	色黄而枯燥，此术语也适用于白茶干茶色泽
	灰暗	greyish dull	色深暗带死灰色
	灰褐	greyish auburn	色褐带灰无光泽。此术语也适用于红茶干茶色泽
3. 汤色术语	绿艳	brilliant green	绿中微黄，鲜艳透明
	浅黄	light yellow	黄色较浅。此术语也适用于黄茶和白茶汤色
	深黄	deep yellow	黄色较深。此术语也适用于白茶和黄茶汤色
	红汤	red liquor	汤色发红，绿茶已变质
	黄暗	yellow dull	色黄而暗。此术语也适用于叶底色泽
	青暗	blue dull	色青而暗。此术语也适用于绿茶、压制茶和红茶叶底色泽
4. 香气术语 (1) 一般绿茶香气术语	馥郁	fragrance	芬芳持久，沁人心脾。此术语也适用于乌龙茶和红茶香气
	鲜嫩	fresh and tender	具有新鲜悦鼻的嫩茶香气。此术语也适用于红茶香气
	鲜爽	fresh and brisk	新鲜爽快。此术语也适用于绿茶滋味、红茶香味和乌龙茶滋味
	清高	clean and high	清香高而持久。此术语也适用于乌龙茶香气
	清香	clean aroma	清鲜爽快。此术语也适用于乌龙茶香气
	花香	flowery flavour	茶香鲜锐，具有令人愉快的似鲜花香气。此术语也适用于乌龙茶和红茶香气
	板栗香	chestnut flavour	似熟栗子香。此术语也适用于黄茶香气
	甜香	sweet aroma	香高有甜感。此术语也适用于黄茶、乌龙茶和条红茶香气
4. 香气术语 (2) 烘香花茶香气术语	鲜灵	fresh lovely	花香新鲜充足，一嗅即感
	浓	heavy	花香浓郁，强烈持久
	纯	pure	花香、茶香比例调匀，无其他异杂气
	幽香	gentle flowery flavour	花香文静、幽雅柔和持久
	香薄（同义词：香弱）	thin aroma	花香短促、薄弱
	香浮	weak aroma	花香浮于表面，一嗅即逝
	透兰	magnoma	茉莉花香中透露玉兰花香
	透素	tea aroma	花香薄弱，茶香突出

续表

术语类别	中文	英文	释义
5. 滋味术语	爽口	brisk	有刺激性，回味好，不苦不涩。此术语也适用于乌龙茶和红茶滋味
	鲜浓	fresh and heavy	鲜洁爽口，富收敛性。此术语也适用于红茶滋味
	熟闷味	stewed taste	软熟沉闷不爽。此术语也适用于黄茶和红茶滋味
6. 叶底术语	青张	blue leaf	夹杂青色叶片。此术语也适用于乌龙茶叶底色泽
	靛青	blue	蓝绿色

三、黄茶术语

术语类别	中文	英文	释义
1. 干茶形状术语	扁直	flat and straight	扁平挺直
	肥直	fat and straigh	芽头肥壮挺直，满披白毫，形状如针。此术语也适用于黄绿茶和白茶干茶形状
	梗叶连枝	whole flush	叶大梗长而相连
	鱼子泡	scorched points	干茶有如鱼子大的突起泡点
2. 干茶色泽术语	金黄光亮	golden bright	芽头肥壮，芽色金黄，油润光亮
	嫩黄光亮	tender yellow bright	色浅黄，光泽好
	褐黄	auburnish yellow	黄中带褐，光泽稍差
	青褐	blueish auburn	褐中带青。此术语也适用于压制茶干茶、叶底色泽和乌龙茶干茶色泽
	黄褐	yellowish auburn	褐中带黄。此术语也适宜和乌龙茶干茶色泽和压制茶干茶、叶底色泽
	黄青	yellowish blue	青中带黄
3. 汤色术语	黄亮	yellow bright	黄而明亮。有深浅之分。此术语也适用于压制茶、白茶和乌龙茶汤色
	橙黄	orange yellow	黄中微泛红，似橘黄色，有深浅之分。此术语也适用于压制茶白茶和乌龙茶汤色
4. 香气术语	嫩香	tender flavour	清爽细腻，有毫香。此术语也适用于绿茶、白茶和红茶香气
	清鲜	clean and fresh	清香鲜爽，细而持久。此术语也适用于绿茶和白茶香气
	清纯	clean and pure	清香纯和。此术语也适用于绿茶、乌龙茶和白茶香气

续表

术语类别	中文	英文	释义
4. 香气术语	焦香	scorch aroma	炒麦香强烈持久
	松烟香	pine smoky flavour	带有松木烟香。此术语也适用于黄茶、黑茶和小种红茶特有的香气
5. 滋味术语	甜爽	sweet and brisk	爽口而感有甜味
	甘醇（同义词：甜醇）	sweet and mellow	味醇而带甜。此术语也适用于乌龙茶、白茶和条红茶滋味
	鲜醇	fresh and mellow	清鲜醇爽，回甘。此术语也适用于绿茶、白茶、乌龙茶和条红茶滋味
6. 叶底术语	肥嫩	fat and tender	芽头肥壮，叶质柔软厚实。此术语也适用于绿茶、白茶和红茶叶底
	嫩黄	tender yellow	黄里泛白，叶质嫩度好，明亮度好。此术语也适用于黄色汤色和绿茶汤色、叶底色泽

四、黑茶、压制茶术语

术语类别	中文	英文	释义
1. 干茶形状术语	泥鳅条	fishery	茶条圆直较大，状如泥鳅
	折叠条	enveloped	茶条褶皱重叠
	端正	normal brick	砖身形态完整，砖面平整，棱角分明。红中带褐
	纹理清晰	clean mark	砖面花纹、商标、文字等标记清晰
	起层	open	砖茶表层翘起而未脱落
	落面	broken cover	砖茶表层有部分茶脱落
	脱面	cover drop	饼茶的盖面脱落
	紧度适合	well-compressed	压制松紧适度
	平滑	flat and smooth	砖面平整，无起层落面或茶梗突出现象
	金花	golden flower	茯砖茶中灰绿曲霉菌的金黄色孢子。金花普遍茂盛，品质为佳
	斧头形	axe-shape	砖身一端厚、一端薄，形似斧头
	缺口	broken piece	砖茶、饼茶等边缘有残缺现象
	包心外露	heart and unenveloped	里茶外露于表面
	龟裂	crake	砖面有裂缝现象
	烧心	heart burnt	砖茶中心部分发暗、发黑或发红。烧心砖多发生霉变
	断甑	broken layer	金尖中间断落，不成整块

续表

术语类别	中文	英文	释义
2. 干茶色泽术语	乌润	black bloom	乌而油润。此术语也适用于红茶和乌龙茶干茶色泽
	半筒黄	semi-yellow	色泽花杂，叶尖黑色，柄端黄黑色
	黑褐	black auburn	褐中带黑。此术语也适用于压制茶汤色、叶底色泽，乌龙茶和红茶干茶色泽
	铁黑	iron black	色黑似铁
	棕褐	brownish auburn	褐中带棕。此术语也适用于压制茶汤色、叶底和红茶干茶色泽
	青黄	blueish yellow	黄中泛青，原料后发酵不足所致
	猪肝色	liver colour	红而带暗，似猪肝色
	褐红	auburnish red	红中带褐
3. 汤色术语	橙红	orange red	红中泛橙色。此术语也适用于红茶汤色
	红暗	red dull	红而深暗。此术语也适用于红茶汤色
	棕红	brownish red	红中泛棕，似咖啡色。此术语也适用于红茶干茶色泽及红碎茶茶汤加奶后的汤色
	棕黄	brownish yellow	黄中泛棕。此术语也适用于红碎茶干茶色泽
	红黄	reddish yellow	黄中带红
4. 香气术语	陈香	stale flavour	香气陈纯，无霉气
5. 滋味术语	陈醇	stale and mellow	滋味陈醇而无霉味
	粗淡	coarse and plain	味淡薄，喉味粗糙。此术语也适用于绿茶、红茶、乌龙茶滋味
6. 叶底术语	黄黑	yellowish black	黑中带黄
	红褐	reddish auburn	褐中泛红。此术语也适用于汤色

五、乌龙茶术语

术语类别	中文	英文	释义
1. 干茶形状术语	蜻蜓头	dragenfly head	茶条叶端卷曲，紧结沉重，状如蜻蜓头
	壮结	bold	肥壮紧结
	扭曲	curled	茶条扭曲，褶皱重叠
2. 干茶色泽术语	砂绿	sand green	似蛙皮绿而有光泽
	枯燥	dry	干燥无光泽，按叶色深浅程度不同有乌燥、褐燥之分

续表

术语类别	中文	英文	释义
3. 汤色术语	金黄	golden yellow	以黄为主，带有橙色，有深浅之分
	清黄	clear yellow	茶汤黄而清澈
	红色	red colour	色红，有深浅之分
4. 香气术语	岩韵	YEN-flavour	武夷岩茶具岩骨花香韵味特征
	音韵	IN-flavour	铁观音特有的特殊花果香
	浓郁	heavy flavour	浓而持久的特殊花果香
	闷火	sullky fired	乌龙茶烘焙后，未适当摊凉而形成一种令人不快的火气
	猛火	too high firing	烘焙温度过高或过急所产生的不良火气
5. 滋味术语	清醇	clean and mellow	茶汤味新鲜，入口爽适
	甘鲜	sweet and fresh	鲜洁有甜感
	粗浓	coarse and heavy	味粗而浓
6. 叶底术语	肥亮	fat and bright	叶肉肥厚，叶色透明发亮
	软亮	soft and bright	叶质柔软，叶色透明发亮
	红边	red side	做青适度，绿叶有红边或红点。红色明亮鲜艳
	暗红张	dull red leaf	叶张发红，夹杂暗红叶片
	死张	dead leaf	叶张发红，夹杂伤红叶片
	硬挺	hard	叶质老，按后叶张很快恢复原状

六、白茶术语

术语类别	中文	英文	释义
1. 干茶形状术语	毫心肥壮	fat bud	芽肥嫩壮大，茸毛多
	茸毛洁白	white hair	茸毛多、洁白而富有光泽
	芽叶连枝	whole shoot	芽叶相连成朵
	叶缘垂卷	leaf side roll down	叶面隆起，叶缘向叶背微微翘起
	平展	flat leaf side	叶缘不垂卷而平展
	破张	broken leaves	叶张破碎
	蜡片	waxy	表面形成蜡质的老片
2. 干茶色泽术语	铁板色	iron grey	深红而暗似铁锈色，无光泽
	铁青	iron blue	似铁色带青

续表

术语类别	中文	英文	释义
3. 汤色术语	微红	slight red	色微泛红
	黄暗	yellow dull	色黄较深暗。此术语也适用于黄茶和绿茶的汤色和叶底色泽
4. 香气术语	嫩爽	tender and brisk	活泼、爽快的嫩茶香气
	毫香	pekoe flavour	白毫显露的嫩芽叶所具有的香气
	鲜纯	fresh and pure	新鲜纯和，有毫香
	酵气	ferment odour	白茶萎凋过度，有红茶发酵气
	失鲜	freshless	极不鲜爽，有时接近变质
5. 滋味术语	清甜	clean and sweet	入口感觉清鲜爽快，有甜味
	醇爽	mellow and brisk	醇而鲜爽，毫味足。此术语也适用于黄茶滋味
	青味	green taste	茶味淡而青草味重
6. 叶底术语	红张	red leaf	萎凋过度，叶张红变
	暗张	dull leaf	暗黑，多为雨天制茶形成死青

七、红茶术语

术语类别	中文	英文	释义
1. 干茶形状术语	毫尖	golden pekoe	金黄色茸毫的嫩芽
	紧卷	twisted	碎茶颗粒卷得很紧
	褶皱	shrink	颗粒虽卷得不紧，但边缘褶皱是片茶好的形状
	粗大	large	比正常规格大的茶
	细小	small	比正常规格小的茶
	毛衣	fibre	茶叶中的细筋毛，红碎茶中含量较多
	筋皮	fibrou and skin	嫩茎和梗揉碎的皮
	毛糙	regged	形状大小、粗细不匀，有毛衣、筋皮
	轻松	light and loose	颗粒松，身骨轻
2. 干茶色泽术语	褐黑	auburnish black	乌中带褐有光泽。此术语也适用于压制茶干茶色泽
	栗褐	chestnut auburn	褐中带深棕色，似成熟栗壳色
	栗红	chestnut red	红中带深棕色
	泛红	reddish	色带红而无光泽
	枯红	dry red	色红而枯燥
	灰枯	dry grey	色灰而枯燥

续表

术语类别	中文	英文	释义
3. 汤色术语	红艳	red brilliant	似琥珀色，鲜艳明亮，金圈厚而艳
	红亮	red bright	红而透明光亮。此术语也适用于叶底色泽
	红明	red clear	红而透明，亮度次于“红亮”
	深红	deep red	红较深。此术语也适用于压制茶汤色
	浅红	light red	泛红。深度不足
	冷后浑	cream down	茶汤冷却后出现浅褐色或橙色乳状的混浊现象，为优质红茶象征之一
	姜黄	ginger yellow	红碎茶茶汤加牛奶后呈姜黄明亮
	粉红	pink	红碎茶茶汤加牛奶后呈明亮玫瑰红色
	灰白	greyish white	红碎茶茶汤加牛奶后呈灰暗混浊的乳白色
4. 香气术语	鲜甜	fresh and sweet	鲜爽带甜感。此术语也适用于滋味
	高甜	high and sweet	香气高而带甜感
	焦糖香	camerlsed	烘干充足或火功高致使香气带有饴糖甜香
	甜和	sweet	香气纯和虽不高，但有甜感
	高锐	high and sharp	香气鲜锐，高而持久
	果香	fruity flavour	类似某种干鲜果香，如核桃香、苹果香等
	麦芽香	malty	干燥得当，带有麦芽糖香
5. 滋味术语	浓强	heavy and strong	茶味浓厚，刺激性强
	甜浓	sweet and heavy	味浓而带甜，富有刺激性
	浓涩	heavy and astringency	富有刺激性，但带涩味，鲜爽度较差
6. 叶底术语	红匀	red even	红色深浅比较一致
	紫铜色	coppery	色泽明亮，呈紫铜色，为优良叶底的一种颜色
	乌暗	dark dull	似成熟的栗子壳色，不明亮
	乌条	dark leaf	乌暗而不开展
	花青	green	青绿色叶张或青绿色斑块，红里夹青

八、感官审评常用名词和虚词

术语类别	中文	英文	释义
1. 感官审评常用名词	芽头	bud	未发育成茎叶的嫩尖，质地柔软
	茎	stem	尚未木质化的嫩梢
	梗	stalk	着生芽叶的已显木质化的茎，一般指当年青梗

续表

术语类别	中文	英文	释义
1. 感官审评常用名词	筋	fibre	脱去叶肉的叶柄、叶脉部分
	碎	broken	呈颗粒状细而短的断碎芽叶
	夹片	flaky	呈折叠状的扁片
	单张	single leaf	单瓣叶子，有老嫩之分
	片	flakes	破碎的细小轻薄片
	末	dust	细小呈砂粒状或粉末状
	朴	coarse leaf	叶质稍粗老，呈折叠状的扁片块
	红梗	red stalk	梗子呈红色
	红筋	red fibre	叶脉呈红色
	红叶	red leaf	叶片呈红色
	渥红	reddish	鲜叶堆放中，叶温升高而红变
	丝瓜瓤	mesh	渥堆过度，叶质腐烂，只留下叶脉的网络，形成丝瓜瓤
	麻梗	aged stalk	隔年老梗，粗老梗，麻白色
	剥皮梗	stripped stalk	在揉捻过程中，脱了皮的梗
	绿苔	green twig	指新梢的绿色嫩梗
	上段	upper parts	经摇样盘后，上层较轻、松、长大的茶叶。也称面装或面张
	中段	middle parts	经摇样盘后，集中在中层较细紧、重实的茶叶。也称腰档
	下段	lower parts	经摇样盘后，沉积于底层细小的碎茶片末。也称下身或下盘
	中和性	neutral	香气不突出的茶叶，适于拼和
2. 感官审评常用虚词	相当	same	两者相比，品质水平一致或基本相符
	接近	approximate	两者相比，品质水平差距甚小或某项因子稍差
	稍高	little higher	两者相比，品质水平稍好或某项因子略高
	稍低	little lower	两者相比，品质水平稍差或某项因子略低
	较高	higher	两者相比，品质水平较好或某项因子较高
	较低	lower	两者相比，品质水平较差或某项因子较差
	高	high	两者相比，品质水平明显好或某项因子明显好
	低	low	两者相比，品质水平差距大明显差或某项因子明显差

续表

术语类别	中文	英文	释义
2. 感官审评常用虚词	强	superior	两者相比，其品质总水平要好些
	弱	inferior	两者相比，其品质总水平要差些
	微	slightly	在某种程度上很轻微时用
	稍或略	little	某种程度不深时用
	较	more	两者相比，有一定差距
	欠	less	在规格上或某种程度上不够要求，且差距较大时用
	尚	approach	某种程度有些不足，但基本还接近时用
	有	have	表示某些方面存在
	显	show	表示某些方面比较突出